中华文化密码

通　达　智　慧　之　门

钟国兴　著

天津出版传媒集团

天津人民出版社

图书在版编目（CIP）数据

　　中华文化密码：通达智慧之门 / 钟国兴著. -- 天
津：天津人民出版社，2019.10
　　ISBN 978-7-201-15283-7

　　Ⅰ.①中… Ⅱ.①钟… Ⅲ.①中华文化－基本知识
Ⅳ.①K203

中国版本图书馆CIP数据核字(2019)第196632号

中华文化密码：通达智慧之门
ZHONGHUA WENHUA MIMA

出　　版	天津人民出版社
出 版 人	刘　庆
地　　址	天津市和平区西康路35号康岳大厦
邮政编码	300051
网购电话	（022）23332469
网　　址	http://www.tjrmcbs.com
电子信箱	reader@tjrmcbs.com

策划编辑	王　康
责任编辑	郑　玥
特约编辑	王　玲
装帧设计	璞茜设计

印　　刷	北京中科印刷有限公司
经　　销	新华书店
开　　本	880毫米×1230毫米　1/32
印　　张	7.75
字　　数	140千字
版次印次	2019年10月第1版　2019年10月第1次印刷
定　　价	42.00元

目 录

■ 序：文化有密码

0　怎样从根本上理解文化　　1

1　文化的关键差异在数字　　3

2　文化的根本差异在原初假设　　6

3　文化传承的关键在基因和载体　　9

■ 第 0 章　无中生有

0.0　中华文化之根　16

0.1　和西方文化的根本区别　22

0.2　通有无的道　24

0.3　道是否真的存在　28

0.4　中华文化的最高境界　31

0.5 有无之间融通的艺术　　33

0.6 中华文人的心境　　43

0.7 虚实关系的启示　　48

第1章　以一制多

1.0 一是最初的原点　　52

1.1 一是精气　　55

1.2 和西方一的不同　　59

1.3 归于一才能入道　　64

1.4 归于一的途径　　70

1.5 由诚而达到敬　　71

1.6 一的意义和启示　　73

第2章　阴阳和合

2.0 中华文化中的阴阳　　80

2.1 追求阴阳和合　　85

2.2 中医的阴阳是什么　　87

2.3 兼容是中华文化重要特色　　91

2.4 以阴阳调和万物　　93

2.5 负阴抱阳和以阴制阳　　96

2.6 充盈阳气和以阳化阴　　99

第3章　三才把握

3.0 天地人三才　　106

3.1 三才之间的关系　　108

3.2 天人合一　　108

3.3 时也运也命也　　112

3.4 三是成事的格局　　115

3.5 人靠精气神　　119

3.6 不能不知其三　　124

第4章　四象有度

4.0 四象指什么　　128

4.1 四象的对应关系　　130

4.2 把握变化的度　　131

4.3 四代表全面协调　　135

4.4 无度就会坏事　　137

4.5 中庸是寻求最佳点　　140

4.6 对中庸的正确理解　142

4.7 止于至善　146

4.8 执两用中　149

第 5 章　五行生克

5.0 五行和数字五　156

5.1 五行之间的关系　160

5.2 五行在中医上的应用　161

5.3 五性人　165

5.4 中华的有机系统论　173

5.5 五可概括天下　175

5.6 位序关系　176

第 6 章　六步预见

6.0 《易经》中的六爻　182

6.1 六爻的卦例　182

6.2 做事要看到六步　185

6.3 六气与经络循行　187

6.4 六合即多方协调整合　191

第7章　七是天的数

7.0 七星之光　196

7.1 七天一个周期　198

7.2 生命和万物的节奏　200

7.3 七是不同文化的共通之数　204

7.4 中华方法之要　204

第8章　八判未来

8.0 八卦的象征　208

8.1 五行与八卦　210

8.2 八卦作抉择　212

8.3 八的代表性　213

8.4 全方位看问题　215

8.5 中华语言的通用性　217

第9章　九五之尊

9.0 最大的阳数和单数　222

9.1 九五之尊　224

9.2 九九归一 226

9.3 留有余地 228

结语：言不尽意

后记：十年钝剑

0　怎样从根本上理解文化

我们每天都生活在文化之中，但如果认真追问，文化究竟是什么，又很难说清楚。

人类创造了文化，却又感到它并不那么容易理解。就像父母生了孩子，但是未必真正能够理解自己的孩子一样。何况，文化并不只是人类的孩子，它还是每个人成为这个人的原因，反过来还是每个人的母亲。人和文化的关系比较复杂。

那么什么是文化？每个民族的文化又为什么会有那么大的差异？它们的根本差别究竟在什么地方？

学者们给出了关于文化的各种各样的定义，而且定义还在不断地增加。有的时候，关于文化的解释恰恰就成了人们对文化认知更加迷茫的原因。

这就需要弄清楚，当我们说一种东西属于文化的时候，是指它具有什么关键性的因素，是指它承载人类活动的某种信息，也就是说，如果没有相应的信息也就不成其为文化。自然界的一块石头和文化无关，但若上面刻上了文字图案，或者被人类使用过，它就和文化有关了。

那么文化是什么？首先是信息，是关于人类的各种信息。纯粹的、与人类无关的自然信息就不属于文化，而一旦与人类相关联，也就具备了文化的属性。当然，一般来说这种信息是有方向的，其指向是人类社会的健康发展，而不是被其破坏和毁灭。

观乎天文 以察时变 观乎人文 以化成天下

　　既然文化的实质是关于人类的信息，那么它也就有信息的排列组合方式、表达方式。人类社会的文化灿若繁星、多姿多彩，根源在于其信息的排列方式、表达方式不同。因此，从这种排列组合的方式入手，就可以对不同的文化进行解读。

　　在不同的民族中，每种文化都有自己的逻辑，而这些逻辑背后又有信息的排列组合方式和表达方式上的基本规则，这就形成了不同民族自己的"密码本"。这里说的"密码本"，并不是某个高人完全人为设计出来的，而是在文化发展中不断演化而出现的，人们为了文化本身便于理解和把握，对文化本身的逻辑顺序不断进行整理和概括而形成的。

1　文化的关键差异在数字

　　大凡"密码本"往往都和数字有关系，文化的"密码本"也不例外。就像在一般的"密码本"中，最简单的数字代表某些最基本的信息一样，在不同地域、不同民族的文化中，最基本也是最重要的信息往往和最简单的数字，特别是十以内的数字密切相关。正是这些最简单的数字，所代表的最基本、最重要的信息便成为一个民族的文化基因，成为塑造民族共同的思维方式框架，因此它们的不断组合、演绎，就形成了一个民族颇具特色而又绚丽多彩的文化。

人们以往只是从文字的角度来理解文化的差异，那是不够的。其实，文化最深层的内核上的差异，在于数字。不理解一系列被赋予特定含义的数字，就不可能真正理解一种文化。因为深层的、最能左右人潜意识的概念往往是最简单的数字。

人类面对纷繁复杂的问题，往往倾向于寻找简单化的方式来进行认识和把握。人类创造纷繁复杂的文化概念和形式后，会自觉不自觉地把它们归结为一些简单概念，这样的概念往往就是数字。因为人类打交道最多的文字符号就是最简单的数字。数字对于人类往往有两个最为简单、直接的用处：排序和计数。我们一般只重视数字的计数功能，其实排序功能天天都在用，从小学生、普通民众到企业家再到领导人，做事情的时候每天都在排序：第一件做什么，第二件做什么，然后再做什么，等等。数字的第三个功能是计算，而十以内的计算是每个人最为熟悉和容易做到的，所以人们往往把复杂的问题归结为十以内的数字。

无论多么复杂的东西，只要归结为十以内简单的数字，就会感觉变成可以把握的东西了。当文化发展越来越复杂的时候，它们在发展过程中也在不断地被归结为这些数字，越是复杂的东西越需要简单地把握。人们其实经常使用这种通过简单数字来把握复杂问题的方式方法，但往往又没有特别注意这一点。

大道至简

　　尽管任何文化都有通过简单数字来进行把握的倾向，这种倾向必然导致每一种文化特别是在思维方法上归结为一系列简单的数字，但是人们对此并没有充分意识到。因为这种倾向对人来说是天生的，是自觉不自觉地做到的，正如一首歌所唱："从来不需要想起，永远也不会忘记。"这些简单的数字实实在在地存在于各民族的文化之中，成为对文化核心思维的概括，并且承担着对文化进行解读的功能，但是人们并没有对它们的作用有足够的、充分的、系统的认识。笔者认为这个问题十分重要，称这些数字为"文化密码"。

从数字密码来看文化，东西方有极大的不同。西方文化最根本的数字是一，也就是万事万物都归结为一个起最终决定作用的东西，而且这个东西又不被其他东西所决定。中华文化最根本的数字不是一，而是零，因为中华文化的一个重要概念是"无"，古印度文化也是如此（空）。这是东西方文化之根的最大区别。在西方，数字三、五、七等都有特别的含义，而中华文化的"密码本"比较复杂，从零开始，数字一、二、三、四、五、六、七、八、九分别被赋予丰富的含义。

必须了解和理解了中华文化中从零至九这十个数字，才能从根本上解读中华文化。这十个数字是中国人思维的根本的"密码本"，也是中华文化根本的"密码本"。除了弄清楚这十个数字的含义，没有第二条途径可以从根本上、整体上理解中国人的思维和文化。当然，正确理解这十个数字的含义，也只是正确理解中国人思维和文化的一个正确的开始，而不是全部。

2　文化的根本差异在原初假设

为什么不同文化会有基本数字的差异？基本数字的差异背后又是什么？其实更根本的是每一种文化都有自己的原初假设。

这种假设是从远古人那里就世世代代传承下来的，潜藏在每个人的心底，它是一种极为简单同时也极为根本的思维模式，但这种模式却是整个文化最原初的基因，是最难以改变的基因背后的基因。这种模式从来不需要论证，因为它已经被人们的潜意识所接受，而且即使有许多否定性的论证也难以改变它。因此从这种意义上说，确实存在荣格所说的每个民族自己的"集体无意识"。

己所不欲 勿施于人

中国人的原初假设是什么？是同理性假设，也就是认为天地万物具有相同的道理，因而喜欢用一个事物的道理类比其他道理，即类推思维。例如，如果有小孩问大人：太阳是什么？大人一般不会说是恒星，而是回答说：太阳是个大火球。再如，"老吾老以及人之老，幼吾幼以及人之幼"中"推己及人"的伦理，还有认为万物之中皆有阴阳、人的五脏关系如同金木水火土等哲理，也是建立在同理性假设基础之上的。而被列为"五经之首"的《易经》，更是同理假设的系统化模式，《易经》的类推式思维正是建立在同理假设基础之上的。有人说中国人的思维是象形思维，其实象形思维是在同理假设前提下进行的。在思维方式上，尽管同属东方，但印度人的思维和中国人有很大的差别，印度人的思维并不具有中国人这样深的同理假设痕迹，相反古印度的因明学却很接近西方的形式逻辑。同理假设基础之上形成的类推思维，使得中国人研究问题强调"一通百通"，不喜欢专深而喜欢博大，不喜欢分析而喜欢整合，不喜欢推理而喜欢直悟。

西方人的原初思维模式并不是同理假设，而是原点假设。他们自古以来更倾向于世界万物有一个最初的原点，这个原点在古希腊哲学家那里被认为是水、火等实物，或者是"原子"（德谟克里特）。最带有玄学色彩的是毕达哥拉斯，他认为世界本原是数，但是也没有跳出原点假设的模式。到了近代，黑格尔在东方思维的启发下，把世界本原归结为"绝对精神"，更加玄学化，但是仍然是原点假设的思维。不过，带有玄学色彩的毕达哥拉斯和黑格尔的观点，在古代和近代的西方哲学中很难算作主流。正是在原点假设基础上形成的原点思维，使得西方人孜孜以求地去寻找原点，注重分析和实验，注重逻辑和归纳，于是就有了近现代科学的发端与发展。

寻找世界本原是自古以来人类的共同兴趣，古代中国人当然也寻找世界的本原，但是寻找的不是西方人感兴趣的点，而是一种"气"，或是"惚兮恍兮"背后的道，是寻找使得万物具有同样道理的那种"神龙见首不见尾"的东西。

东西方思维的根本差别在于原初假设。原初假设并不只是一种思维方式，而是一种潜藏在心灵深处的潜意识，它不是信仰，但是比信仰在人们心灵中扎的根还深，比信仰的力量还强大。因此，在文化差异问题上，对这个差异忽视不得。

起点相差毫厘，现实却相距千里。同理假设和原点假设这种原初假设上的差别，让西方文化和中华文化各自走了完全不同的道路，形成了截然不同的特色。本书正是在这种意义上揭示中华文化密码的。

3　文化传承的关键在基因和载体

为什么一些民族、国家的文化，历时千百年还能够得到传承？为什么有些民族、国家的文化经过一段历史而灰飞烟灭、传承中断？传承是否中断，核心问题在于其文化密码是否仍然存在，而文化密码产生与存续的前提是该文化是否还保持原初假设。

中华文化数千年延绵不断，最根本的力量则是同理假设。同理假设对于任何东西都以同样或类似的道理来理解，因此看到的总是事物相同或相似的一面。同理假设形成的同理心，使得国人对不同民族的、不同文化的东西，往往能"求同存异"，采取包容的态度，取与已有文化相同的东西。甚至在宗教信仰上，对外来文化的信仰也高度包容，于是保持了多神信仰。近代以前，直到今天，中国人基本没有为宗教而发起战争，就和这种高度包容很有关系。

阴阳和合

不过，自 20 世纪起，国人的同理心受到严重的冲击，后来一个时期受非此即彼的斗争哲学所影响。过度强调万事万物之间、人与人之间的斗争，同理思维模式必然失去存在的空间和价值。改革开放之后中国社会出现一些道德堕落现象，极为重要的原因就在于这种同理心的颠覆。

此外，文化要存续发展，文化密码一定要得到保护。阴阳和合、五行生克这种平衡、系统的思维，一度被简单的"双方对立、一方消灭另一方"的说法所取代，由此造成了对中华文化深层误解，其影响之大是不可估量的。近代以来，一些与中华传统完全相反的思想被当作对传统的解读和传承，这是对中华文化最根本性的灵魂层面上的置换和毁灭。

文化密码作为文化基因，它的功能是不断地在各种条件下复制自己，实现文化的复活、扩张、整合与发展。也就是说，一个民族的文化是否能够存续，首先要看它的基因链是否完整，是否强大，是否具有在各种条件，哪怕是简陋恶劣条件下的复制能力；一个民族的文化是否会中断，不是看它在一个历史时期如何强大，而是看其基因链是否存在严重缺陷决定其是否容易断裂，看其基因链是否容易被其他基因所改变进而变异，是否因换一种环境就不再具有复制能力。所以基因链对于一种文化的存续发展来说，是一个极为重要的问题。

仁义礼智信 诗书琴棋茶

仅仅有原初假设和文化密码还不够，文化的复制和发展还必须有一系列载体。一种文化有其载体，可以传承数千年而不衰，而载体一旦丧失，则可能销形遁迹，辉煌不再。

中华文化已然传承数千年，经过多次北方游牧民族的铁骑扫荡，却"野火烧不尽，春风吹又生"，越发生机盎然，而且中原汉族与周边民族整合成了一个共同的民族——中华民族；近现代虽经多次列强入侵，加之大工业带来的现代文化的冲击，中华文化却其根不断，顽强传承。究其原因，其一就在于中华文化虽然历经劫难，却依然有其一系列载体存在。

在古代，什么是中华文化的载体？除各种典籍之外，第一是私塾和官办学校，这里是儒家文化传承的场所；第二是宗族祠堂，这里是家族、家庭文化传承教育的场所；第三是寺庙道观，这里是宗教文化及与宗教有关的民俗文化传承场所；第四是传统建筑，人们可以从这里了解历史故事和文化；第五是墓地，这里在怀念先人的同时也传承历史文化；第六是传统节日和文化习俗，人们可以强化传统文化意识，了解传统文化；第七是乡村士绅和传统文人、艺人、匠人，他们作为传统文化的人格化代表，不断地扩大传统文化的影响。上述七种载体，使得中华文化有其强大的再生能力。

文化传承

　　然而极为可惜的是，时至今日，中华文化这些重要载体不是不复存在，就是已经遭到严重毁坏。宗族祠堂在北方已经极为少见；古代中国曾经村村有庙宇和塔，而经过"文革"十年，许多地方这些已经荡然无存，得到恢复的只是一点点。改革开放以后，许多古建筑又在大拆大建中消失。相比之下，在儒、释、道文化的载体留存方面，中国大陆竟然不如古代中国的周边国家缅甸、泰国、越南、韩国等，更不如海上邻国日本，当然也不如我们中国的宝岛台湾，这不能不是一种深深的遗憾。如果任由文化载体消逝，那么我们优秀的传统文化将会只是留存在纸面上和电脑中。传统文化的传承实在堪忧。

请读者注意，本书在论述传统文化的时候，使用"中华文化"一词，而没有用"中国文化"。因为中国文化不一定就是传统文化，传统文化也并不一定在中国。其实在中华文化形成过程中，周边许多古代属于大中华文化圈的国家都曾参与过，如越南、韩国、泰国、缅甸、日本等。而且更为重要的是，现在传承中华文化的，也绝不止中国，特别是遍布世界的华侨和中华文化爱好者们，已经将中华文化的影响扩展到世界各地，薪火相传。这是大中华文化。

有这样的薪火相传，中华文化一定会放射出璀璨的光芒。

这本书，是想寻找能让中华文化绽放光明的不灭的灵魂。尽管中华文化的载体已经残缺，尽管缺少载体的灵魂，可能要漂泊，但是它会长驻在我们的心灵之中，与我们的生命同在。

祝福每一位中华文化的坚守者和传播者。

第 0 章

无中生有

0.0 中华文化之根

世界从何而来，万物从何而来，不同的民族看法大不相同。

在中华文化看来，世界是从什么都没有开始的，也就是从无开始的，世界万物是从无演化生成的，这就是所谓"有生于无"。

道家讲无，佛家讲空，其实空也就是无，只是用词不同而已。老子说："天下万物生于有，有生于无。"这句话的意思是，世界上存在变化的万物都是从前边的事物生出来的，那么最初的东西是从哪里来的呢？最初的东西是从什么都没有生出来的。并且老子在《道德经》中还使用"无极"这一概念，提出人修道的目的是"复归于无极"，也就是重新回归到无边无际的空无的状态。

天下万物 有生于无

强调世界万物最初产生于什么都没有，在这一点上印度和中国有相似的哲学观念，佛道两家的根本世界观并不矛盾，根本观念高度一致，这是佛教能在中国广为传播、广受信奉的最重要的原因。从西域传入中国的佛教本来就强调无，而到了中国之后经过一个时期，到了唐朝发展出一个中国化禅宗流派，其代表人物六祖慧能有一首著名偈语，也就是谈佛说法的诗："菩提本无树，明镜亦非台。本来无一物，何处惹尘埃。"这首诗的意思是世界归根到底是"无"，佛教让我们悟到这个

"无"，并不是在这之外给我们另外一个世界或者别的什么东西，而是让我们认识"本来无一物"这个根本，达到一种毫无牵挂的解脱。

菩提本无树 明镜亦非台 本来无一物 何处惹尘埃

儒家原本只是谈"仁"，并没有谈"无"。北宋理学家周敦颐根据道士陈抟《无极图》，在其所著的《太极图说》中对道家"无极"一词作了新的解说，把"无极"作为万物之本原，提出"无极而太极""太极本无极"的命题，表达"有生于无"之意。这一哲学大大地影响了后来中国文人的世界观。虽然宋明理学和儒学在一些基本理念上有重大差异，但毕竟理学仍然举着儒家旗号，所以也可以说到了宋代，儒、释、道三家的世界观在根本上趋于统一了，对世界的解释归根到底都归于一个"无"字。

中华文化中的这个无就是空无，无极就是空无终极，但很有意思的是，中国古代有和尚强调这种空又不是绝对的，所谓不是"顽空"，为此东晋时候研究佛教理论的僧肇，曾经专门写过一篇《不真空论》，强调"真空不空"。道家和理学的无极，其实也是这个意思。这就像是无限趋近于零，但又不是绝对的什么都没有。于是你可以在空无之中体会出一种难以言说的东西，所以禅宗高僧让你听"空谷之音"，让你在体悟空无中去实现大彻大悟。

空谷之音

中华文化的世界观，除了物质世界之外还存在非物质世界，而且非物质世界还是很庞大、多层级的。中华文化中的无，显然不是指这种非物质的世界，因为非物质世界和物质世界一样，都属于"有"，用现代科学说法就是"暗物质"。无是指物质世界、非物质世界的共同来源、共同的根本。

因为尊崇无，而且认为"有生于无"，所以中国人的心灵领域并不局限于物质世界，而是非常重视物质世界之外的冥冥之中的世界，以及这种冥冥之中的世界背后的状态。中华文化并不简单地断言世界是某个造物主所创造，即使有这样的说法也认为是一种初级的神话，人们总是相信有一个不可知的、当然也是不可估量的未知世界的存在或价值，并且对它总是怀有一种审慎的敬畏和敬重，不敢简单地忽略或否定。例如，在宗教领域里，一般不会尊敬一个神而否定其他神的存在价值，这使得中国人对外来文化有一种难以想象的包容力，甚至对外来宗教的神因不了解而更有一种兴趣。中国自古以来就是一个多种宗教共处的国度。

由于这种包容，似乎中国人对于宗教、文化和科学的态度，都显得近乎实用主义——谁能对自己目前关心的事物给出某种合理的解释和有效的方法，就倾向于相信、接受他的说法。不过也正是因为如此，大多数人的信仰很难做到坚信不疑。例如，人们相信科学，但是并不等于就是科学主义者，许多中国人依然对于科学所不能直接证明的领域抱有一份敬畏心，不会用简单、武断的推理去证明没有接触过的世界就一定是什么。当人类用物质的手段了解太阳系时，中国人不会简单地相信世界都是由同样的物质组成；当感官只是感受到物质空间的存在时，不会简单地否定其他空间存在的可能。

当然，上面所说的是指受中华文化影响较大的中国人。确实，有一些深受西方某些理论影响的中国人，已经远离了这些原则，那是因为这样的中国人尽管是黄皮肤、黑眼睛，但在精神世界里却已经没有了中华传统文化的元素。

　　中华文化中一个十分重要的概念是"道"。"道"这个概念来自老子的《道德经》，孔子也使用过这一概念，不过他的使用也可能来自老子的影响。老子讲"惚兮恍兮，其中有象；恍兮惚兮，其中有物"，也就是说，"道"存在于有和无之间，既像有又像没有，却把有和无连接起来，打通了，从而体现了无支配万事万物的看不见的作用，背后是无在支配有的生生不息的运行。在中国人的意识中，越是隐蔽的世界，越是起到支配的作用。所以过去国人对于冥冥之中的命运和风水的相信，似乎更甚于其他国度的人。

道

　　既然存在道，就要努力认识和接近道，如果能得到道的真谛，当然是最好不过的事情，胜于得到人间任何东西。所以中国人向往"得道"。所谓"得道"，就是达到在有无之间自由行动、自由支配的状态，所谓出神入化。那么谁最为出神入化？中国人最喜爱的"得道"的艺术形象是孙猴子，其法名就是"悟空"，也就是了悟了空无的真谛，于是就可以在有无之间随心所欲，随意变化。当然，把孙悟空关在"老君炉"里的太上老君，还有把孙悟空压在五行山下的佛祖，更是人们尊崇的对象。

空无用数字来表示就是零。因此也可以说，零是中国哲人认定的世界本原，零是中华文化世界观的根本，是中华哲学之根，是中华文化之根。零在中华文化中具有特殊的意义。不知道这一点，就不可能从根本上认识中华文化。

0.1 和西方文化的根本区别

西方文化之根在于一，而不是零。

每个民族的古代哲学都追究过世界的本原是什么。古希腊哲学追究世界的本原，总是倾向于有一个实体的或者隐蔽的存在。而更多的哲学家都比较实在，泰勒斯认为世界的本原是水，阿那克西美尼认为是气，赫拉克利特认为是火，他们把世界的本原归为水、火、气等，或者是某种具体的、单一的物质，或者是某种物质状态。后来德谟克里特提出了原子论，把世界归于一种精微的物质颗粒。

当然，古希腊的哲学家们并非都把世界归为某种物质。例如，毕达哥拉斯认为世界的本原是数，有点儿接近中国的《易经》的某些观点。只有阿那克西曼德认为世界的本原是"无限者"——它本身没有什么规定性，却能生出一切规定性，这和中国古代哲学观点比较相近，但是他只是一个西方思想家中的一个例外。而且他的观点影响并不大，更不属于西方哲学的主流。

就西方大多数有影响的哲学家而言，他们的世界观，总是认为世界要归于一个什么东西，或者是物质，或者是数字，而到了中世纪整个社会宗教化之后，则是将世界的本原归于一个唯一的神，认为是一个至高无上的全知全能的神造出了整个世界。

当然到了文艺复兴之后，西方有一位哲学家的世界观有了突破，他就是德国的黑格尔，他把世界的本原归结为"绝对精神"。但有一种说法是，黑格尔受到了东方哲学的很大影响，试图超越西方哲学的局限。不过，这个"绝对精神"仍然不如中国哲学中的"无""空"来得彻底。绝对精神还是一种"有"，其实还是西方哲学中认为世界有一个决定一切又不被一切决定的实体或隐蔽的存在的说法的变种。

西方人总是相信世界背后有一个绝对的东西，他们的大脑似乎很难理解哲学上的空无这个概念。当地球中心说被科学摧毁之后，开始有一批人不再相信唯一的神，但是许多人又把既有的科学当作唯一正确的东西，把既有的科学当作唯一的神一样来崇拜，不再相信科学既有结论范围之外的东西。这并不奇怪，也是因为他们把万事万物都归结为数字一的思维方式的结果，只相信唯一的东西。

西方文化并非没有无，但是无在他们的文化中并不具有世界观上的根本意义，他们的空无的概念是具体的，是整个物质世界的一个实际的空间概念。

东方文化之根是零，而西方文化之根是一。这是西方文化和东方文化最根本的区别。

在中国哲人眼里，西方把世界的本原归于某种具体物质，肯定是不到位的，至少用佛家语言来说是"不究竟"的。

0.2 通有无的道

中华文化的"道"，颇为神秘，人们总是觉得似乎能感受到它存在，又无法实际认知和表达，更觉得难以把握。老子的一句话准确地表达了这种感觉："道可道，非常道；名可名，非常名。""无名，天地之始；有名，万物之母。"老子说，道这个东西，我只能借用道路的"道"来表达它，但是它可不是我们一般所说的道路。这个名字可以表达它的特征，但是可真的不是在一般常识的意义上来用的。其实它是不可描述的，是天地的开端；可是又不能不给它起个名字，因为它生出了万物。不是老子故弄玄虚，道这个东西确实是说不清的，你不能用理性表达，只能靠直觉体悟。

道可道 非常道 名可名 非常名 无名 万物之始 有名 万物之母

说到这里，有必要说明的是，世界上的文化并非都来自人们的生产和生活的一般性经验以及科学实验。在科学技术尚不发达的时候，生产和生活经验只是提供一般性文化常识，但是一些民族文化的核心观念、观点、方法，实际上来自生命的特定体验。我们且不说这种体验是否站得住脚，但是这种体验也是一个民族持续甚至广泛的实践。印度人的世界观来自古代的瑜伽等体验，佛家的万法皆空、诸行无常、三千大千世界等说法，都与此有关。一般的生产和生活的实践不可能产生这样的文化观念，甚至也不是由生产和生活体验产生的想象力可以达到的。中国哲学的道、元气、元神、天人合一以及中医的经络、穴位等观念和方法，同样也不是来自普通的生产和生活的实践，而是由人"坐忘"等状态下的体验和彻悟而得来的。老子的道，应该来自他"致虚极、守静笃"的体悟。这种生命特定体验毫无疑问也应该属于人类实践的一种。

如果离开这种特定的体验，只是用大众的生产生活经验来理解文化，就无法理解文化的核心和精华的东西，就会把文化中最深邃的东西降低为生活常识，用普通思维去理解思想家们所达到的层次。如果这样来理解传统文化，那么就会觉得传统文化中某些东西不但一文不值，而且幼稚荒谬。其实文化最核心和精华的东西，是一种灵性。

道究竟是什么东西？过去我们将它解释为"规律"，称老子的哲学是"朴素唯物主义"。这个解释把以无为根的中国哲学直接降低到物质的层次，而且过于牵强。实际上在《道德经》里确实有相当于规律的词，这个词就是"常"。常的意思是经常，也就是指支配事物经常反复出现的运动变化的法则。在《道德经》里，常和道完全是两个层次的东西。道不是规律，而是让规律成其为规律的背后的隐形法则。就像大风不是空中飞舞的落叶，而是让落叶飞舞的无形力量一样。如果把大风理解为落叶，一定是理解力本身出了问题。

老子所说的"道"并不是一般的物质运动规律，尽管后来人们在更加宽泛的意义上使用了道的概念。例如，人道、世道、经营之道等，这些与规律含义已经比较接近了。在老子那里，作为万物之母的道，并不是显见于具体事物之中的，而是"惚兮恍兮""恍兮惚兮"，在其背后，存在于冥冥之中，看不见、摸不着，是无法形容的。老子正是围绕这样一个道，写了五千字的《道德经》，这本书已成为中华文化中伟大的经典。如果老子讲的只是"物质是运动的，运动是有规律的"，那么他的道就不会有其特殊的深度和独到的意义，他也不可能被道家尊为祖师。

在老子看来，道存在于天地之前，又支配万事万物。人生存在世界上，必须了解道、明白道，从道的层次上来看问题，让自己的生命状态和所做的事情符合道。那么人怎样才能进入道，得到道呢？就要清除掉自己心中的杂乱，进入极其清静的状态，也就是"致虚极，守静笃"。

致虚极 守静笃

人首先要知道事物规律（"常"），这样才能超越自己的局限，顺应自然、能容万物，接近道，从而做到通晓天地，理解和把握道。因为道本身是自然而然的，因此人只有进入虚无清静的状态才能和道相通。这样的说法，显然不是现代唯物主义或科学主义所说的认识和把握规律的方式，而是指进入一种特定的生命体验状态。

老子讲的"道"，涉及两个层面：一个是作为"万物之母""万物之始"的道，近似于佛家讲的佛性；另一个是"道之为物"层面上，也就是作用在物上、体现在事物上的道，是通道。

其实所谓"道"，从字义上讲就是通道，问题是这是由什么到什么的通道。其实要理解这个问题，就必须首先知道在中华文化中虚无是万物的根，要把握事物的根本就是把握有和无的关系，就是使有和无相通，就是了解和把握有和无之间的通道，也就是有和无交互影响的轨道，也是物质世界和古人认为的另外虚无世界交互影响的轨道。因此，第二个层次的道就是有和无的通道和交互影响的轨道，而不是别的什么。

0.3 道是否真的存在

说来说去，道似乎很玄，它是否真的存在？中国人是否真的找到了它？作为"万物之母""万物之始"的层面上的道，当然不是轻易可以找到的，但作用、体现在事物层面的道，我认为是找到了，至少在某个方面，例如中医的经络。经络是隐蔽的，解剖人死后的身体，其实你根本找不到它，所以西医从来不承认它的存在，但是中医的整个理论却是以它为基础建立起来的。有人说中医不重视解剖，没有往解剖上发展，那么为什么不重视、没有发展？因为中医是要弄清楚人的生命之道、利用生命之道来治病的，而解剖得到的并不是生命之道。所以中医没有走以解剖学为基础的路径，而是寻找人在普通状态下无法直接体验到的生命之道。

老子是怎么来描述道的呢？"道之为物，惟恍惟惚。惚兮恍兮，其中有象；恍兮惚兮，其中有物。窈兮冥兮，其中有精；其精甚真，其中有信。"按照一般的解释，他说的是：道作为一种存在的东西，完全是恍恍惚惚的。恍惚之中似乎有形象，恍惚之中似乎有东西。它是在深邃隐秘之中的一个精妙的存在。这个精妙的东西却是非常真切的，其中有反映并且影响一切的信息。老子这段名言，已经把道的形象比较全面地描述出来了。

世界上真的有这样的道吗？如果我们联想中医所说的经络，其特征和上面的几乎每一句话、每一个字都完全符合，而且符合得令人惊讶。经络虽然不是整个宇宙的道，但却是道在具体事物中的一种表现，是中医寻找和把握的生命之道。因为中医的最基本概念是天人合一和协调阴阳，最重要的治疗方式是打通肉眼看不见的人体经络。如果一个中医没有体验过、不懂得、不会利用经络，那么他还不符合中医的基本要求，还算不上是中医。

　　过去几十年中国一直强调中西医结合，这是可取的，但如果把结合简单地理解为用西医诊疗技术来判断病情，然后用中医的药方开药，而且进一步结合，还可以根本不用中医药方，而是在中药中用现代技术提取某些化学成分，把中药变成西药，甚至还可以静脉注射。这样的"中西医结合"，其效果是在消灭中医，因为那样就已经和经络这个生命之道无关，实际上只是西医的一个变种。中西医结合一定要做到保护和发展中医最精华、最根本的东西，不可弃道存术。

医道

以人体解剖为基础的西医是不承认经络的，但是科学已经在几十年前就证明了经络的存在。中国科学院生物物理研究所科学家祝总骧教授，带领一个团队经过 20 年研究，运用电子学、生物化学、生物物理、声学和形态及动植物等多种学科检测和独特的实验法，准确地揭示人体经络线的分布位置，证实了古典经络图谱的高度科学性和客观存在，20 世纪 80 年代公布这一成果时候，曾经引起了国际上的轰动。以这一发现为基础发明的电子仪器，探测到人身体的经络和穴位时，指示灯会发亮，仪器会鸣叫，如 20 世纪八九十年代在社会上广泛使用的耳穴治疗仪，就是在这个发现基础上发明的。此后，也有外国学者宣布相关发现。

经络是用肉眼看不见、摸不着的真气的运行通道。这条通道不仅可以影响实实在在的身体，而且古代中医和道家还认为它连通着身体之外的物质世界以及隐秘的世界。外在的邪气可能会通过穴位和经络进入以及影响身体，而身体内的病气也可以通过经络、穴位被排出体外。经络，是中华文化对人身体的理解，也是中华文化对整个世界存在理解的一个缩影。

0.4　中华文化的最高境界

既然中华文化认为有来自无，而道在有无之间是两者的通道和交互作用的轨道，那么必然认为如果了悟了道，就可以通达有无以及万物之变化。

中国的先人们崇尚"得道"，而所谓得道就是不执着于有，也不执着于无，能够进入和把握有无之间无形的通道，从而在有无之间自由出入，当然也可以预知和影响事物的变化，也就是所谓的神通。

万法皆空

在中华文化中，最高境界并不是对实物的占有和支配，而是生命的有归于无，回归到虚无，也就是进入化境。什么是化境？是随心所欲变化而不留痕迹的境地。史书记载老子骑青牛出关，不知所终，其实就是归于无的一种象征。在中华佛教文化中，对于"肉身不腐"和"虹化"等的推崇也与此有关。

中国人心中的"高人"和"俗人"之别，就在于对于有无的态度和处理水平。超越具体物质的占有和享受，达到一种淡然无我、超然物外的境界，得到一种无所羁绊的淡定与洒脱，是高人；反之，迷恋于物质、名利、地位、情色的是俗人，而迷恋到执着地步的则是大俗之人。高人往往得到人们的崇拜，而俗人尽管因为金钱、名声、地位可能具有某种威势、得到某种享受，人们或许表面上对其虚与委蛇、抬举恭维，心里却会蔑视和厌恶。在这一点上，不只文化人如此，即使老百姓也会持这样的态度，这是因为大俗之人与中华文化的理想境界和理想人格完全是背道而驰的。

正因为这样，中国许多成功的人，包括历史上皇帝、大臣、文人、艺术家等，成功之后大多喜欢谈玄论道，做出"神龙见首不见尾"的神秘感，扮作一种"方外之人"的样子，就是受这种理想人格的影响。但是大家都知道，这并不是真正的"得道"，而是"老装"——人们喜欢用"老庄"的谐音来调侃这种人。不过，这些人之所以"老装"，还是说明中华文化具有一种巨大的力量，使得你纵使有再大权势与财富，也无法改变人们根本的价值观，因此即使庸俗之人也不得不做出向文化投降的姿态。

0.5　有无之间融通的艺术

中华文化既然把打通有和无看作人生的最高境界，崇尚出入于有无之间的得道状态，那么对这种境界的追求也就必然会延伸到各个方面。这种境界的体现，就是对于事物采取亦有亦无、似有似无的对待方式。老子不但说"大象无形""大音希声"，而且还有一句众所周知的话，是对于这种方式的最概括的表达："无为而无不为。"于是，中华文化中有了"既这样又不这样"的一种对待问题的模式，诸如"善战者不战，善射者不射，善辩者不辩"等说法。因此，强调的是不直接去强求某种东西，不执着于某种简单手段，而是用曲线的方式、顺势而为的方式甚至无所作为的方式，以最少的投入甚至零投入而达到最大最佳的效果。

无为而无不为

无就是空，也就是虚，也叫作虚空、虚无。因此有无关系也就是虚实关系，这是中华文化中第一对最重要的哲学范畴关系，没有其他任何概念或关系可以与之相比。在西方文化中，虚实关系并没有这样重要。当然，西方文化并不是完全没有虚实关系，但涉及虚实关系一般都不是在世界观的根本问题上，而是在具体问题上。

最为体现中华文化中虚实观念的，即中华文化的形象表达——太极图。非常有趣的是，我们古人把最为抽象的思维，在千年前就做成了一个传播广泛而且社会认同度很高的 Logo（标识）。太极图中一虚一实的结构，很形象地表达了虚中有实、实中有虚的含义，以及虚实的互动、旋转的关系。后来发源于明末清初的太极拳，又用两手半握、手脚半展等形象地表达了虚实关系，特别是两脚一虚一实的变换，简直是用肢体语言对虚实关系的哲学表述。

虚实

中医的理论充分体现了虚实关系。中医诊病首先分"寒热虚实"，来进行辨证施治。两个人的身体可能表现同样的症状，但是在中医看来有的是虚症，而有的却是实症。同样是感冒，属于传染性的，中医认为是实症；但是有的因为寒气外侵导致的头痛、高烧，则是虚症。用现代的说法，前一种是实实在在的感染，后一种则是因为身体虚弱，免疫系统对冷空气的一种应激反应。当然，有时虚症和实症是互相转变的。

虚实关系更表现在文化上。人既然生活在这个世界上，当然离不开实实在在的生活，文化也肯定要反映这种生活，但是不同民族的文化境界是不同的，都会受到本民族基本哲学观念的影响。中华文化在虚实关系把握上总体是入实而向虚，以空灵为其较高境界。

在这方面最具代表性的是文学的最高形式——诗词。在中华诗词中，能够从具体的情物入手，最后达到空灵境界的，人们往往认为是绝妙的作品。例如，杜牧的《秋夕》："银烛秋光冷画屏，轻罗小扇扑流萤。天阶夜色凉如水，卧看牵牛织女星。"在作者眼中，秋天的世界从地上到天上都无比清凉透彻，他的刻画，把读者引入这种灵明无瑕的境界之中，令人流连忘返。更具有中华文化特色的是柳宗元的《江雪》："千山鸟飞绝，万径人踪灭。孤舟蓑笠翁，独钓寒江雪。"这首诗在西方人那里恐怕比较难以理解：连鸟都绝迹了，人都没有了，江上覆盖的都是冰雪了，为什么那个穿蓑衣的老头还要驾着孤舟去垂钓？他在钓什么？确实什么都没有，什么都不可能钓到。不钓而钓，钓即不钓，这就是中华文化给人的境界，这首诗在中国人眼里绝对是一流的禅诗。

中国的小说中喜剧很少。四大名著无论哪一部，都是从欢欢喜喜、热热闹闹开始，但整卷读后，都会令你掩卷失神，有一种空空荡荡的感觉。由实归虚，是四大名著共同的特点。

一部《红楼梦》繁华写尽，风花雪夜、恩怨纠缠，富贵享乐、风光无限，最后大厦忽倾，终归空无，"假作真时真亦假，无为有处有还无"。这部小说从一开始就隐含着世界与人生的虚幻之理，主要写的是贾家故事，其贾字与真假的"假"谐音。至于主角贾宝玉，口衔宝玉而出世，但细品其名却是"假宝玉"；另外一位女主角林黛玉，其姓与"临时"的"临"同音，黛与"代替"的"代"同音，其意是"临时替代的玉"。《红楼梦》中有许多这样的名字。并不是作者认为贾宝玉和林黛玉是假的，另外还有真的，而要表达的意思是这繁华的世界和美艳的生命本身就是虚幻的、临时的、昙花一现的，是空空荡荡的。

一部《三国演义》，风雷激荡、英雄辈出、妙计无穷、跌宕起伏，《三国演义》用了许多表现手法，甚至不惜移花接木，把历史上的精彩计谋和故事嫁接到诸葛亮和关羽身上，塑造了两个令世人称道和景仰的文武忠臣，也是神人。但是写到后半部，关羽"大意失荆州"，兵败被捉，最后身首异处；诸葛亮妙计用尽，六出祁山，却都是一场场空忙，明知不可为而为之。整个一部《三国演义》各路英雄、奇士纷纷出场，跌宕起伏，最后鼎立的三国竟然被"秋风扫落叶"，"孔明妙计若能救，安得江山属晋朝"。

滚滚长江东逝水 浪花淘尽英雄
是非成败转头空 青山依旧在 几度夕阳红……

《水浒传》中，各位豪杰横空出世，闯荡天下，风云一时，最后接受招安，却转眼之间死亡纷纷降临，如梦幻转瞬即灭。最后活下来的几个人，也都是心灵早已归空，不是和尚就是行者、道士，还有江湖隐士。

《西游记》似乎稍好一些，取经最后成功，如来在灵山授经给唐僧，唐僧拿到手的却是无字经书，任何文字都没有，空空如也。后经多方争取，拿到了有字经书，却又因为返程中老鼋发怒，经书受损，被弄得残缺不全，令人怅然若失。

那么这就有个问题：为什么中国四大名著最后结局都是空？这是因为，国人深受中华虚实文化的熏染，如果结局不空，不给人佛道境界的启示，在中国人眼中似乎就不够层次，就没有境界，当然也就算不上传世名著了。

不只文学，艺术也是如此。西方的油画自古崇尚写实，而且即使画面中的白色，也一定要涂上白色。现代西方油画有了抽象派，但抽象派是把所画的事物变形或者模糊，而不是体现虚无。中国绘画不是这样，除寺院画像之外，自古绘画并不崇尚浓墨重彩的写实。在国人看来，如果一幅画完全写实，只是技巧纯熟、绘画精致，即使纤毫毕现，但是缺少超出现实的意境，那么只是"形而下"的作工匠品，难以入大雅之堂。大雅者必有超尘拔俗的境界，因此中国绘画追求一种"画外"的意境，不但轻描淡写，而且特别强调"留白"，让你神驰画外，体悟一种不可言说的空灵。

在"留白"上最为极端的是一位国画者画的柳宗元的五绝《江雪》。在一张纸上，只画了一个似像非像的戴斗笠、穿蓑衣的老者，坐在木板船上，手持竹竿，有意无意地在垂钓。画面上其余全部是留白。这幅画却令熟悉中华文化的人连连拍案叫绝，赞叹不已。

这样作画绝对有中华文化的道理：因为在中国人眼中，"千山鸟飞绝"，既然已绝，何须再画？而外国油画家可能一定要画无数座山和很多只鸟；"万径人踪灭"，既然人的踪迹已灭何须再画？但外国油画家可能要画无数条路和许多人；"孤舟蓑笠翁"，作品中孤舟只用一笔画出一块木板，蓑笠翁只用几笔勾勒出来，而外国油画家可能要画一条真正的船和一个斗笠、蓑衣和五官俱全的老人。至于"独钓寒江雪"，独钓在这幅画中只是用隐隐约约的一根竹竿表达，寒江雪既然是白的，也就不用笔墨了，而外国油画家可能连鱼线甚至鱼钩都要画上。除了这些，外国油画家还会画上天空的真实颜色。这是中国艺术家和外国艺术家的巨大差别。

这样一幅国画，中国人一看就知道画的是柳宗元的《江雪》，而外国人即使知道这首诗，也不会明白为什么这首诗居然可以画得这么简单；中国人认为这样简单而表达丰富内涵的画一定是高手所画，境界极高，而外国人会认为这根本就是一幅没有完成的艺术作品。这就是中国人和外国人在审美观上的巨大差别，这种差别来自是否在世界观上具有虚实关系的概念。

灵动

郑板桥喜欢画竹子，画了 40 年时写了一首诗，表达了画竹的境界变化："四十年来画竹枝，日间挥写夜间思。冗繁削尽留清瘦，画到生时是熟时。"刚入门时照着真的竹林画，把竹子画得很繁茂，那是没有境界时的画法。画了 40 年后，画面上就只画几根清瘦的枝叶不多的竹子，这才是艺术上真正的成熟。因为只有几根清瘦的竹子，才是虚无空灵的，才是和中华文化境界合一的。这种成熟只有中国人能理解，在西方人眼中也许会被看作艺术的退步。外国人无论如何也理解不了齐白石所画的几只虾有什么艺术感，理解不了为什么一大张纸上只画三四只虾，但是中国人感觉这是把更多的空间留给空无，才是大家的作品。人们往往对这样的作品赞不绝口。

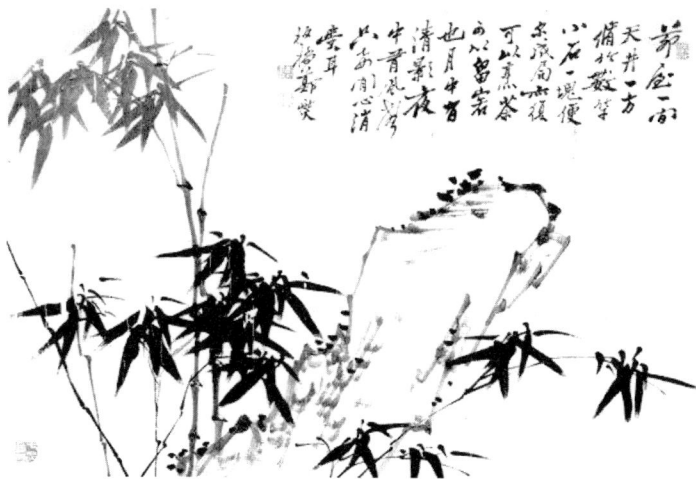

郑板桥《竹石图》

在西方人眼中，中国的国画更像是刚开始作画的草稿。用中华文化的标准，西洋画更像是没有境界的初学者作品。

其实最有中华文化代表性的艺术是书法。中华的行书，特别是龙飞凤舞的草书，在西方人那里是难以理解的，那么多的地方没有写实，也许被看作了节省墨汁。但是中国的书法家追求的就是不断的虚实变化，而且以恰到好处的不着墨迹的"飞白"为妙笔。所谓"神龙见首不见尾"，正是中华文化所追求的境界。

用兵在中国也是一门艺术。孙子强调"实则虚之，虚则实之"，以其虚虚实实，达到用兵的出神入化。而兵法认为用兵的最高智慧，不是实际用兵，而是"不战而屈人之兵"，根本就不打仗，但是赢了对手，让对手服服帖帖，这才是最高境界的兵法。这样的兵法已经超越了兵法，不仅是艺术，而且是一种出神入化的超级艺术。

中华艺术非常独特，最大的独特之处就是在处理虚实关系上。在中国人看来，艺术就是巧妙地处理虚实关系，而处理的方式就是弄清楚什么用虚的方式来表达，什么用实的方式来表达，虚实如何自然而巧妙地变化。于是，有些因素要大胆地"虚"掉，有的要很果断地用一点象征性的痕迹来表达。因为"大道至简"，虚掉了、简化了才可能接近道。有些表达要实，但是这种实不是完全符合真实，而是表达其中的灵动、灵气，表达其意境和其中的"道"。所以为了这样的表达，中华艺术创造了许多象征性、灵动性的手法。

0.6 中华文人的心境

无是中华文化之根，受长期文化的熏染，也成为中国人的集体无意识，特别是成为中国具有较高文化素质人群的集体无意识。中国文化人书房里经常悬挂的是梅兰竹菊、闲云野鹤的国画，代表着超脱，散发着一种淡淡的虚无气息。许多人生命中的梦想，都是成为一个潇潇洒洒、无拘无束、任意去来、不着踪迹的世外高人。

要成为世外高人，当然首先是内心的清净与洒脱。这就是老子所说的"致虚极，守静笃"，清静无为，才能最后达到无不为。这就是《六祖坛经》讲的"心量广大，犹如虚空，无有边畔，亦无方圆大小，亦非青黄赤白，亦无上下长短；亦无嗔无喜，无是无非，无善无恶，无有头尾。诸佛刹土，尽同虚空。世人妙性本空，无有一法可得。自性真空，亦复如是"。最后做到没有分别心，超越逻辑、语言、形式，从而"心无挂碍""远离颠倒梦想"，达到人生的化境，甚至佛家所说的"究竟涅槃"。

在中华文化中，评价文化人的层次，往往看的并不只是你的"有"，例如作品的数量和名声的大小，而是看你是否达到了对于世俗的超越，达到一种无的境界。历史上竹林七贤、陶渊明、八大山人等，都是这方面的标杆。在政治领域，明知不可为而为之、为一种近乎虚无的重兴汉室的目标而鞠躬尽瘁的诸葛亮，远比"老骥伏枥，志在千里"的曹操令人崇敬。在中华文化之中，如果一个人的整个人生都是务实的，那么他可以被人们看作一个有作为的人，但不会被看作这个领域具有最高境界的人。而那种被人们普遍认为是具有最高境界的人，一定是被一种淡淡的空无的色彩所包围着的。

无挂碍

在整体中华文化结构中，儒家、法家偏于实际，而佛家、道家偏于空无，但在中华文化人身上，往往两者兼有，所谓既能入世也能出世，达则兼济天下，穷则独善其身。得意时候，想有大作为，就重视儒家或者法家；失意的时候，想遁迹山林，就会向佛或者向道，离尘避世，寄情山水。在许多文化人的人生中，往往是青年、中年阶段有为的时候倾向儒家、法家，接近老年、暮年就转向喜好佛家、道家。

《心经》的"色不异空，空不异色；色即是空，空即是色"，这是许多中国人都熟知并且喜欢的佛语，也最能体现中华文化人的心境。把有和无两者结合起来，打通有和无，是中华文化人追求的境界。人们崇尚的并不是绝对的有和绝对的无，而是有中见无，无中见有，两者随时随地结合、相通，入世的同时就出世，出世的同时能入世，所谓"小隐隐于野，中隐隐于市，大隐隐于朝"。西晋哲学家郭象说："夫圣人虽在庙堂之上，然其心无异于山林之中。"圣人可以在繁华的闹市之中，也可以在权谋的朝堂之上，但是内心的清净超脱要像在山林中一样，这被认为比遁迹山林的隐士的闲适与清净更为难得，境界也更高一筹。明朝大臣、心学代表人物王阳明就是这样的人，所以至今都受到文人、政治家和企业家的推崇。禅宗认为不要把西方世界和现实分开，六祖慧能说："前念不生执著，当下就是心；后念不令断灭，当下就是佛。"这就是所谓即心即佛，这种了无挂碍的境界也被后人形容为"不风流处也风流"。

因为重视虚实关系，使得中华文化有一种独特的味道，这种味道是无形无相的，是无，是空，是虚，是淡淡的，是一种难以言说也无须言说的意境。这种味道也只有身在这种文化之中的人才能够充分理解，因为它是一种没有染着、没有杂念的心境。它不是对生命最终毁灭的悲哀，而是看透并且远离繁华的清静，当然其中可能也有无奈，然而已经无牵无挂了。

这是对生命和现实世界的一种超越，是有限的生命与无限的本来的合一。不管是谁，如果你体悟到了这种心境，并与之相契合，就会深恋而忘返，因为它会把你的生命升华到无限的意境之中，这是一种对生与死的二元对立的超越。

弘一法师圆寂之前手书的一首偈，很准确地描述了这种感觉："君子之交，其淡如水。执象而求，咫尺千里。问余何适，廓尔忘言。华枝春满，天心月圆。"这首偈的意思是：人与人之间因为缘分而聚，我们为了超越生命走到一起，所以应该是君子之交，淡淡如水，不可以执着，更不能为我离世而悲伤。如果执着于生与死的表象来看待这件事，就差之毫厘，谬以千里了。你问我会往生到什么地方去，那是廓然无际的，我实在不好描述给你。但是我可以告诉你，就像春花满枝、天心月圆一样，一切已经成熟，已经圆融，我找到了自己的归处啊。这首偈写的是一位大修行者最后的也是较高的境界。

中国和西方生死观有很大的不同。外国老人喜欢全世界游山玩水，似乎离开这个世界之前，不把世界的风景收入眼底，就是人生的一大遗憾，所以宁可死在看风景的路上。但是大多数中国老人并不崇尚这些，他们越是年龄大，越是把许多东西看得淡淡的，与其游山玩水，不如找个风景宜人的地方，无欲无求地、静静地和山水融在一起。当然，可能中国的许多老人不懂人生哲学，但是他们就喜欢这样来对待自己的生命，他们在心里有中华式的人生态度。这在外国老人看来，中国老人似乎生活得毫无情趣，似乎只是因为资金缺乏或者吝啬，其实他们不知恬淡是一种很高的生活境界。从这种角度看，即使将来中国人富裕起来，相当多的老人也不会像外国老人那样，在执着的旅游中度过晚年时光。

悲欣交集

0.7 虚实关系的启示

有无关系或者说虚实关系，是中华文化最基本的问题之一，因此学习和掌握中华文化就应该首先认识和把握这对关系，非如此不能真正领悟中华文化最深层的哲学和方法。那么领悟这一问题对于每一个人有什么启示呢？

首先，应该从这种角度理解中国人。虚实关系对中国人来说不仅是书斋中的哲学，而且已经潜移默化为生活哲学，其影响随处可见。例如中国老百姓待人接物，习惯客气，甚至"虚乎"。这种"虚乎"，很多情况下并不是欺骗对方，而是为对方设身处地，表达一种态度和给对方一个面子。而作为被"虚乎"的一方，也并不是要求对方一定言行如一，而是只要对方的一种表达和态度。在中国人看来，只要不是过分的"虚乎"，同样可以表达某种信息，在人与人的交往中是必要的。中国人有一种很重的"面子文化"，似乎比别的民族在许多方面更多一些形式主义的东西，这当然和礼仪文化有关，但更深层次是与世界观中的虚实观念有很大关系。

在人生哲学上，虚和实这一对范畴使得中国人的人生观超越了物质层次，得到了深化，也大大地扩展了中国人的精神空间及自我调适的弹性空间，提升了与西方的精确思维截然相反的模糊思维能力。尽管这种思维有其缺乏务实精神和缺乏精准思维的特点，这在现代社会中经常会成为一种缺陷，因而需要用西方的精准思维来弥补。但是同时，越是在机器和技术发达的精准化时代，中国人的思维境界越是要具有一种超越的价值，这种超越对于人类来说，可以避免被物质和技术过度奴役，沦为一种纯粹的工具。因此，越是在现代的社会中，越是要重视中华文化的根本价值观，越是要重视中华文化的独特价值，越是要弘扬中华文化，越是要把受中华文化的熏染看作人生的一个必要的环节。从这种意义上说，中华文化可以对于人类的精神世界、对于个人的精神自由和健康，做出更大的贡献。

实事虚做　虚事实做

理解和把握好有无关系、虚实关系，对于处理工作和生活中具体事情也是很有意义的，因为处理好做事的虚实关系，这是诸种方法中的根本方法，是诸种要领中最大的要领。

每一件事都有实和虚。实就是这件事的本身的物质构成和变化过程，虚就是它的意义和影响，或者说它的信息和信息场，以及这一事物和其他事情的关联关系。处理有无关系，就是要把实和虚的关系处理好。这种处理的原则就是：

第一，不要简单地看问题，要时时刻刻看到一件事情的实和虚的关系，单纯务实不能超越事情本身去看问题，容易一叶障目不见泰山；反之，过于务虚则不能得到实效。

第二，把实事做虚、把虚事做实，或者叫作实事虚做、虚事实做。也就是说，做一件具体的事情，要超越它，看到并把握它在更高层次上的意义、关联和影响，并且从中总结出经验和哲理，这是"做虚"。反之，如果需要研究一个重要理念、设计一个重大战略，或者做形象传播，那么就一定要落实到具体操作的途径和程序上，这就是"实做"，否则虚事始终处于虚的状态，就没有了实际的意义。

总之，知虚实、通虚实，是做事的基本哲学。

第 1 章

以一制多

1.0　一是最初的原点

　　零是中华文化之根，万物追根溯源都是由它而生的。那么万物是一下子生出来的吗？当然不是。零最初只是生成了一点，这一点在中华文化中被称为"太极"。这个太极，是整个世界的最初的原点。

　　说到太极不能不说《易传》，因为这是中华世界观的一个重要来源。我们现在所说的《周易》，其实包括两部分内容，一部分是《易经》，一部分是《易传》。《易经》一般指六十四卦经文部分，它的直接目的显然是用于占卜，来判断吉凶祸福，当然也记载了成书之前及成书过程中的一些重要历史事件。《易传》不是正文，它很像是今天我们给书作的序，其内容是从哲学角度对《易经》进行解读和阐释。《易传》内容很有哲理，共分为十篇，它不但较为系统地阐述了《易经》的哲理，而且也使《易经》更容易理解，因此《易传》的历史影响巨大。

《易传》的作者是谁呢？至今仍有很大争议。自古有一种说法，认为作者是孔子及其弟子。孔子晚年特别喜欢《易经》确是事实，而且他自己说到了把竹简的牛皮绳几次磨断的程度，这就是"韦编三绝"这个成语的来历。孔子甚至感慨地说：如果再给我几年时间，提前到 50 岁开始学习《易经》，就可以没有大的过错了。他这话透着对《易经》的着迷，也透着"学晚了"的追悔。孔子特别喜欢诗歌和历史，因此对《诗经》和《春秋》都做了编辑整理工作，而从他对《易经》重视和喜欢到这种程度来看，迷恋之余为《易经》作序，可能性是极大的。当然，这个序也许有一个经过多人之手完善的过程。

不管《易传》是谁作的，作者都对中华文化做出了重大贡献。特别是《易传》中有一段话："易有太极，是生两仪；两仪生四象，四象生八卦；八卦定吉凶，吉凶生大业。"这段话在中华文化史上可谓影响深远。后来到了宋代又被总结为"无极生太极，太极生两仪；两仪生四象，四象生八卦"。这几句话成了对中国传统世界观的一种精练概括。

无极，也就是什么都没有，但是这个无怎么就能生出万物，成为万物之母了呢？按照上面这个逻辑，无并不是突然生出万物，而是首先生出一点，但是这个一点很重要，它是一切存在之前的最原始的状态，是宇宙万物最初不可分、没有区别的状态，是最极端的唯一，是一切都没有演化之前的那个原点，

无极

在现代物理学上就是宇宙大爆炸之前的奇点。

零生出了一。这个一被称为太极。为什么把它叫作太极？太就是最根本，极就是原初的极点。所谓太极，就是一直追究世界的本原，最后追溯到的最初的、最根本的、最极致的那个唯一的点。这个太极也被称为"太一"，并且简称为"一"。

"道生一，一生二，二生三，三生万物。"这是《道德经》中最经典的名言之一。在中华文化看来，是无产生了一（宇宙的奇点），然后发生了气化，有了两极分化，产生了阴阳，有了运动，而后阴阳又交互激荡组合，于是产生了万事万物。这种表达在用语上显然不是现代科学式的，不是用数学公式推理的，但却是与现代宇宙大爆炸的理论相契合的。不知道宇宙大爆炸学说是不是受太极说的启发提出的，但至少两者有很高的相似度，或者可以说宇宙大爆炸学说不过换了一种科学猜测的表达方式而已。

1.1　一是精气

一是万事万物存在的最初始的根本，然后演化为气（有的哲学家把一本身就看作气）。于是，"道之为物，惟恍惟惚。惚兮恍兮，其中有象，恍兮惚兮，其中有物"，这段话所表达的、描述的元始之气，就演化、生成为各种各样的事物。其实，气不但演化为万物，而且气演化为万物之后并没有消失，而是仍然存在于万物之中，万物就都成为气的有形载体，而气才是万物的无形精华。因此，中华文化中常常把这种气称为元气、精气。

在中华哲人和术士们看来，无论是山川大地还是草木人兽的生命之体，都是精气的载休，其状态和生机都是精气的体现。而山川大地、草木人兽都有其精气的运行之通道——气脉，因此研究自然界万物的根本途径和功夫就是认识其气脉，从而把握精气的运行规律和走向。例如，中国的风水学，把山川比喻为龙脉，看的就是气脉的走向；中国传统的天文学和农学，把星宿分为二十八宿，一年分为二十四节气，一天分为十二个时辰，用天干地支标示年月日时的运行，就是力图分析和把握天地气脉的运行及其规律。

元气

中医把五脏类比为金木水火土，揭示其相生相克的关系，发现十二经络、奇经八脉，采用把脉方法、针灸技术等，就是为了把握和影响精气运行通道和运行规律、运行变化，疏通和调理精气的运行；中国人运动方式和养生术中最具有标识意义的太极拳，直接的目的并不在于技击，而在于引导身体精气的运行；中国的各家气功以及其他健身、修身的方法，更是先人们研究气脉运行规律，形成的一套身体和精神上自我引导、自我调理的哲理和技能。也就是说，中国的传统文化和方法，说到底很大一部分是研究精气的，是通过气脉来疏通、引导精气的运行的。其实不只道家的修炼和中医、太极拳、气功要打通精气的通道，实际上藏传密宗打通中脉也是如此。汉传佛教以开悟为重，强调不著相，不以此生健康长寿为目的，只是奔着成佛的大目标而去，因此不重视通身体的经脉，但是凡坐禅的人有体会，打坐到一个阶段，发现身体就是一个自我运行的气场，气流变化，周流不息。

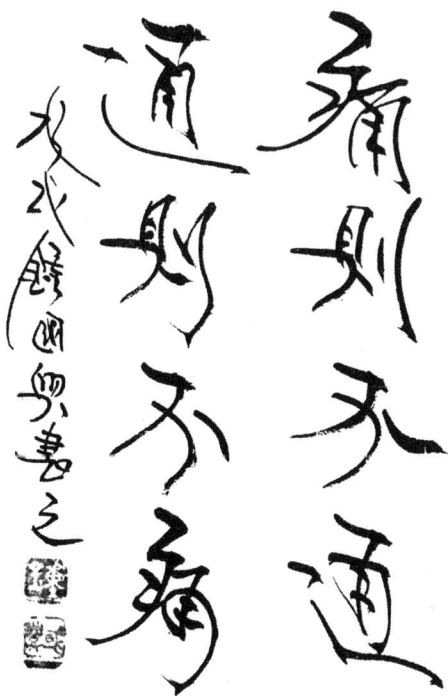

痛则不通 通则不痛

不理解关于一（元气、精气）的哲学，就不可能了解和弄懂中华文化。例如，现在有些从事中医职业的人，并不懂得气脉运行及其规律，只是把中医工作当作西医技术的诊断加中药方剂，其实是没有了解和接近中医的根本；一些学习太极拳的人，只是把太极拳当作一种柔软体操，不懂得太极拳是引导气脉运行的修身、修心的方法，其实学到的根本就不是真正的太极。这样的继承，学到的只是中华文化的形式，丢掉的则是中华文化真正的灵魂和精华。而失去灵魂和精华的中华文化，就是一具空壳，已经丧失其内在生机和生动灵性。

正如前面所说，中华文化的道是通有无并且支配事物变化的通道。这种通道不仅存在于整个宇宙意义上，而且存在于万物之中，在万物特别是生命体之中，它就是气脉运行的通道和轨迹。从这种意义上看，它并不是所谓的物质运动规律。把它仅仅理解为物质运动的规律，就相当于把人理解为一堆骨肉的组合一样，是根本不懂得中华文化。在中华文化中，能认识并把握了道的人被看作高人，而认识并把握物质运动规律的，只是被看作一种世俗的技能，两者绝不可同日而语。把道简单地等同于物质运动的规律，把老子学说称为朴素唯物主义，这其实是"文革"期间教科书中的观念。值得注意的是，直到今天，仍然有学者简单地持有这种观念，并且著书立说去大谈"道可道，非常道"。这种根本"不知道"之人，却去强充"知道"，对于弘扬传统文化是非常有碍，甚至有害的。

1.2 和西方一的不同

西方文化中没有零，但是同样有个一。在这一点上乍一看，似乎东西方是一样的，没有多大区别。但是，我们不要看到这种表象后，轻易下这种结论。

道法自然

东西方文化中同样有个一，但是这个一是大不相同的，甚至截然相反。

中华文化中一个重要的观念就是"道法自然"，也就是道的法则是自然而然。而世界由无到有这个生成的过程当然符合道的法则，而且由无生成的一，当然也是道法自然的一个环节。既然是自然而然的，世界不是按照某种意志生成的，那么也就不是生成了具有某种明确意志的、主宰一切的东西。因此在中华文化中，太极是一个自然的环节，并不具有明确的意志，更不是主宰一切的神灵。

当然，中华文化中也有类似创世说，如盘古开天地。但是，这和西方的创世说有根本的不同。盘古是从混沌状态开出了天地，而混沌的自然状态此前已经存在，只不过盘古用开天地的方式结束了混沌状态罢了。而且，盘古开天辟地之后就死了，身体化作了日月星辰，山川草木。所以在中华文化中没有类似上帝这样的神。

中华文化中尽管有个玉帝，也叫作玉皇大帝，乍一听也是管天上的事情的，似乎等同于上帝。的确，他的正式称呼也是"上帝"，古代给他封的全称是"昊天金阙无上至尊自然妙有弥罗至真玉皇上帝"，又称"太上开天执符御历含真体道昊天玉皇上帝""高天上圣大慈仁者玉皇大天尊玄穹高上帝"，文人称之为"天公"，老百姓叫他"老天爷"。他是道教神话传说中的天地的主宰，犹如人间的皇帝，上管三十六天，下管七十二地，掌管神、仙、佛、圣、人间、地府的一切事，权力无边。但是他不是西方文化中的这世界的创造者，也不是上天的创造者，而是上天的管理者。

顺其自然

关于玉皇大帝出身有不同说法，有的说玉皇大帝本来就出生在天上，还有一种说法是出生在凡间。但不管出生在天上还是凡间，他都是因为修行和品质被选拔出来的。最具中国特色的说法是，玉皇大帝生前原是一个寨主，名叫张友人，又称张百忍。本来盘古开天辟地以来，天地间一切还都很祥和，但是后来各路神仙开始明争暗斗，人世间也是道德堕落、荒淫无耻，这导致天上人间十分混乱。天上没有合适的神仙胜任，所以太白金星就下到凡间寻找德才兼备的人来做三界大帝。太白金星化身成为乞丐到处寻找，后来到了张家湾，发现人称"张百忍"的人，为人和善慈悲，也有突出的能力，把寨子治理得非常好，老百姓安居乐业，因此就把他带回天庭，请他做了玉皇大帝。后来张百忍当了一段时间玉皇大帝，三界的神仙们发现他品德优秀、才能突出、敬业尽职、众望所归，大家就纷纷要求修改任期，共同推荐张百忍为"终身天帝"，恭称"玉皇"，因为玉皇是三界的总管，因此加称为"玉皇大帝"或"玉皇上帝"。

这个故事说明，中华文化中的玉皇大帝其实是选贤制和民主推荐制的产物，这和西方的上帝有太大的区别了。

中国人往往按照玉皇大帝的模样来理解西方的上帝，所以中国人接触基督教总是喜欢问一个问题：上帝是从哪儿来的？在中国人心目中，上帝一定有个出处，说不定就是张家湾的张百忍呢。这是中国人的思维：即使孙悟空，也是从石头里蹦出来的。但是基督教的回答让中国人难以理解，也难以置信：上帝是自有自永的。所谓自有，就是不是从别的什么生出来的，没有原因和种子，也没有父母；所谓自永，就是说是永恒的，不生不灭，没有起点也没有终点。这是西方人的观念，也是西方人的思维。

上帝是西方人那里的一，和中华文化不同，这个一不是自然体，而是一个灵体，是神明。整个世界、万事万物都是从上帝这里来的。这个神明创造世界上的一切，但是不被任何东西所创造；这个神明主宰一切，但是不被任何东西所主宰。

在基督教世界观中，世界上所有的东西都出自上帝之手。起初的时候，神创造天地，但那时地还是空虚混沌，黑洞洞的。神的灵运行在水面上，看到这种情况说"要有光"，就有了光。神看光是好的，就把光暗分开了，神称光为昼，称暗为夜。于是有晚上，有早晨，这有了第一天。神又说："诸水之间要有空气，将水分为上下。"神就造出空气，将空气以下的水、空气以上的水分开了。事情就这样简单，如此这般，神心想事成，瞬间就做到了想要的事，几天就创造了这个丰富多彩的世界。包括人也是这样：男人，是上帝用泥捏的；而女人，则是上帝用男人的肋骨做的。大地山川草木蔬菜种子，等等，都是如此。总之，上帝创造了一切，一切存在都是上帝的功劳。

所以中华文化中和西方文化中，尽管都有世界之初的一，但两者是根本不同的。一个是从无生出来的，一个是永存永恒的；一个是自然的，一个是神灵；一个是演化生成了世界，一个是指令创造了世界；一个是演化的最初的环节，一个是万事万物的完全主宰。

所以中国人总是寻找冥冥之中的自然之道，西方人总是把世界或事物的发展归结为一个因素：首先是上帝，后来有人试图用绝对精神取代上帝，再后来科学又试图归结为物质的奇点或某种力。他们一定要找到一个决定一切又不被一切决定的因素，在诸多因素中找到一个终极的因素，否则就不踏实，而且他们往往认为唯有如此才算得上有思维深度。但是在中国人看来，这其实是思考问题的大忌，已然是一种专门"跑偏"的思维。

1.3 归于一才能入道

中华文化重视道，以知道为起点，以合道为途径，以得道为目的。一个人如果合乎道、得到道，不但可以获得生命的健康、自由，做事情有大智慧，而且还可以延长生命，甚至长生不老，成仙成佛。

怎样才能得到道呢？途径是认识"道法自然"，反过来从纷繁复杂的万物和变化之中回归到一，进入和把握一。因为既然"道生一，一生二，二生三，三生万物"，那么要想得到道，当然要沿着与这种演化轨迹相反的方向进行寻找才能进入和获得。

其实，中华文化各家各派都是要求人的精神回归为一。道家强调要"抱一""守一"（如意守丹田等），要"致虚极，守静笃"，也就是达到心空虚到极点，守住清静并且到最深层次的至纯至静，由此入道，最后达到物我两忘的境界，所谓"跳出三界外，不在五行中"。

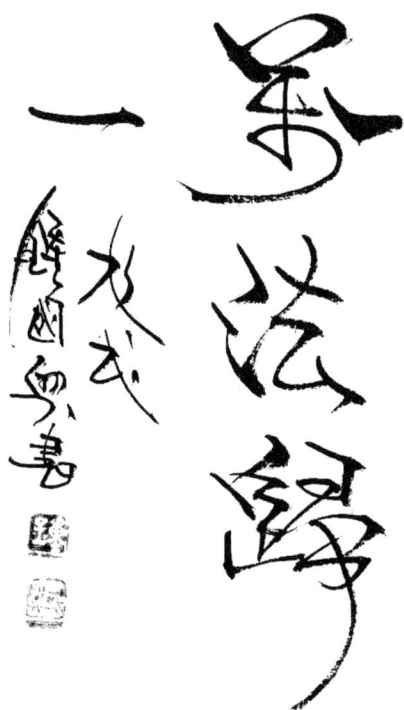

万法归一

　　佛家的方法同样类似，强调要"万法归一"。藏传密宗强调注意力集中观照冥想；非常具有汉文化特点的净土宗和禅宗则是通过念佛或参话头、参究公案等方式达到万念归一，完全"放下"，由此进入佛境。许多人以为南传的禅宗就只是强调当下顿悟的，其实这是一种误解。在佛教历史上，释迦牟尼苦修40年，而且他本来是在无量劫前已经成佛的，有足够的慧根，但还是在菩提树下才悟道的；中华禅宗的创始人六祖慧能当然也是慧根具足，但是从最初听到一个老太太念佛受到启发出家，一直在五祖的寺庙里劈柴做饭三年，后来还是半夜里五祖给他说《金刚经》，说到"应无所住而生其心"，受到巨大震动，才豁然开悟的。南传禅宗并不强调"枯坐默照"，但绝对不是不要万念归一，而是采取各种各样的灵活办法引导人达到这种万念归一的境界。禅宗无论是打坐还是参话头，或者当头棒喝，都是先让你注意力集中，万念归于一念，最后一念瞬间断灭，从而万念俱无，直达本心而开悟的。净土宗的方法也是通过念一个佛号达到这一目的。

悟

明白这个道理，那么就可以知道：以为只要耳边听到某一句话，或者想明白某一个问题，就可以顿悟，其实都不是佛家所说的真正开悟，只是小学生都有过的明白某个道理的心理体验而已，因此是一种"伪开悟"。

人们往往以为颇为入世的儒家和佛道两家的思路截然相反，其实儒家也遵循精神归一的模式。儒家要归的一是什么？是仁。孔子把仁这个观念强调到无以复加的最高程度，说"仁人志士，无求生以害人，有杀身以成仁"，把它看得比生命还重要。

儒家为什么这么重视人的精神要达到仁的境界？因为"天命与仁"，仁是天赋予人类的，通过仁可以达到精神境界的高尚（内圣）和社会作为（外王）的"圣王合一"，最后达到"天人合一"（尽管天人合一是孔孟之后儒家的观念，却是儒家最高境界的非常符合逻辑的表述），其实也是让人们得到一种超越的境界。

近现代很多中国人推崇阳明心学，把王阳明看作大儒。判断一种理论属于哪一类，要看它的核心概念。儒学的核心概念是仁，而王阳明的核心概念是"良知"。仁爱是有善恶之分的，而王阳明所说的"良知"，他强调无善无恶。连核心概念都不一样，怎么能把他归为儒家？还有更多的人把阳明心学归为理学，这其实更没有道理。明代从开国皇帝朱元璋开始，用朱熹倡导的"存天理、灭人欲"的理学统一思想，整个学界从此窒息，王阳明倡导心学，由于避不开理学的"天理"二字，所以只能用良知去解释天理，就像朱熹用天理去偷换了孔子的仁一样，王阳明用良知消解了朱熹不给人欲留余地的天理。这既是巧妙而智慧的，也是不得已而为之的，怎么能把他的心学归于他去努力消解的理学呢？

本书不去过多讨论学术上阳明心学和儒学、理学的区别，在这里要强调的是，阳明心学也是要求人们归于一：良知。儒家的仁本来就是一种心理上的纯净境界，达到仁、守住仁可以成为"圣人"，而王阳明的良知一词比儒学的仁更加彻底，接近佛家所说的本心。阳明心学要求修习的人达到"知行合一"的状态，进入"心外无物"的层次，从而"致良知"和自己纯净的本心合为一体。所以王阳明临终的时候，别人问他有什么遗言，王阳明回答："此心光明，亦复何言！"也就是说，我找到了、达到了本心光明的境界，还有什么要说的呢？有了光明心就够了，再说什么都是多余的了。

当然，程朱理学也是让人归于一的，这一点和儒、释、道以及心学的方法路径是一样的，但是同样的路径可能达到完全相反的结果。儒家是承认人欲并主张合理限制人欲的；佛家是主张勘破世界的虚幻，从而让人主动限制人欲，"诸恶莫作，众善奉行"，但是对待出家人、居士和一般信众的要求标准是不一样的；道家主张做善事、种善因，为了来世而合理限制人欲；阳明心学承认人的合理欲望，主张自觉地彻悟本心，脱离低级、过度的欲望。而主张"灭人欲"，赞成"饿死事小，失节事大"的唯有程朱理学，加之明清统治者大力倡导和实践，历史上这种理论对人的戕害，达到了惊人的程度。所以尽管程朱理学在学术上确有多方面重大贡献，但这种泯灭人性的主张无论如何都不能归为中华"优秀传统文化"之列。相反，这些应该明确地从优秀传统文化中剥离出去，并且需要对它的偏执及其恶果进行深入反思。

致良知

　　这里暂不多谈反思，还是回归主题：中华文化的归一。通过前面的分析，儒释道及心学等各家在目的上都在追求一种超越现实世界的境界，只不过对这种境界的理解不一样，而途径都是让人的精神归于一，但是对于这个一的理解也有很大的不同。不过，他们又有很大的共同点，这就是最后让人们归于的一是空、道或者与生俱来的"如如不动"本心。

　　其实世界上很多文化都很重视世界本原的一，都让人回归到一，这是共同点。但不同的是，除了印度的佛教外，西方和世界其他大多数宗教，把世界的原点理解为一个永恒的、无所不能的、创造一切并主宰一切的神，让人精神归一的途径就是认识到自己是神的羔羊或奴仆，最后达到的境界就是被至高无上的神所接纳，和神在一起，从而达到永生。在这一点上，中华文化和这些文化的区别是巨大的，有其根本的不同。

1.4 归于一的途径

既然归于一才能得道，那么怎样才能归于一，这就成为关键。在这一点上，世界上各大文化的途径基本相同，给出的路径都是至真至诚。区别只在于对谁真诚和如何真诚。

诚在中华文化中占有重要的位置，它是归于一的一个关键环节。中华文化把天人合一作为一种至高的境界，那么怎么才能达到天人合一呢？《中庸》中说：诚是天的道，而做到诚是人的道（"诚者，天之道也。诚之者，人之道也"）。也就是说，做到诚才能体悟和把握天道。《孟子》讲："尽其心者，知其性也；知其性，则知天矣。"也就是说，你的真诚达到了极点，尽了心，就能知道事物的本性；知道事物的本性，就可以知道天道。进一步说，就是"唯天下至诚，为能尽其性。能尽其性，则能尽人之性；能尽人之性，则能尽物之性；能尽物之性，则可以赞天地之化育；可以赞天地之化育，则可以与天地参矣"的境界。顺从天地之道来参与天地运行的某个方面和某个环节，人和天地运行达到高度一致和协调，人可以参与、帮助万物生长和造福万物，这就是天人合一，而达到这一点只有至真至诚。

在中华文化中，把诚作为成为正派的人（君子）和有超常境界的人（圣人）的起点。古人所谓"格物、致知、诚意、正心、修身、齐家、治国、平天下"，就是从端正内心而达到诚为开端的。

至诚如神

1.5　由诚而达到敬

中国历史上有过最为典型的由诚而入静的案例，首先是禅宗六祖慧能。

六祖慧能本来是一个一字不识的樵夫，因为至诚信佛而顿悟，并且创建了中国倡导顿悟成佛的禅宗南宗，他口述的、弟子记录的论述佛理的书被后世奉为中国唯一称得上佛经的典籍。历史上顿悟的例子不止慧能，还有其他若干记载。

当然，中外宗教无不强调信仰之诚。佛道两家如此，基督教等西方宗教也是如此。但是儒家作为一种非宗教的社会学说，把诚强调到无以复加的程度，还是很有中华文化特色的。

诚是悟道的必经之途，但是这条路并非仅仅有一个诚就行了，为了做到诚，中华文化还特别强调"敬"，敬重、恭敬。敬天地、敬佛祖、敬圣人、敬父母、敬鬼神、敬众生。儒释道三家都强调敬，只不过敬的对象不一样。如"不语怪力乱神"的孔子，也强调"祭神如神在""敬鬼神而远之"，而且高度重视对父母的诚孝和恭敬。

敬和诚是一对互为条件的概念，有敬才能做到诚；反之，达到诚才能有真正的敬。在诚和敬的基础上，要达到的状态是什么？是排除杂念，从而做到心无杂念。排除杂念的状态就是虚，放弃对自我及我见的执着，所以老子讲"为道日损"（修道就是要减少直至去掉自己执着的东西），强调要做到"致虚极"；排除杂念之后心无杂念，而心无杂念，就是静和净。中国佛家、道家、儒家都强调静或者净，佛道强调由定入静、由戒入净，儒家则把静作为修身养性的重要手段。

诚、敬、静，都是达到让自己的生命和宇宙的原点合一的手段和途径。对于诚、敬、静，东西方文化都很重视，但是要达到的目的不一样，区别在于中华文化要达到的并不是"与上帝同在"，而是"天人合一"、心合于道，与本心合一，与佛性合一。

大人合一

1.6　一的意义和启示

一是一个简单而且最容易掌握的数字。中华文化有一个观念：大道至简。也就是说，最根本的道是最简单的，所以要从纷繁复杂的事物中追寻到根本，化繁为简；然后把握住这个根本，以简驭繁，以一制多。这是掌握中华哲学的一个基本方法。

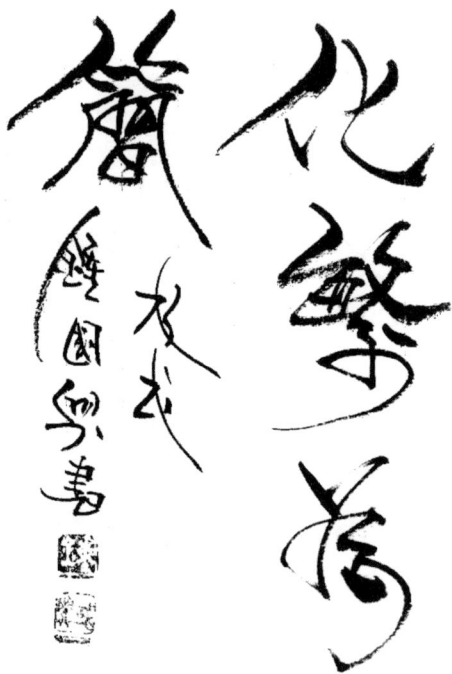

化繁为简

其实不只中国人如此，世界各个民族都是如此。因为只有从纷繁复杂的事物中找到最简单的道理或者要素，事物才会容易把握。各种文化都试图从事物中寻找一个容易把握的因素，但是西方文化和其他一些文化重视的是找到一个绝对不变的类似上帝或者绝对精神的东西，或者一个终极的物质要素，但是中华文化更倾向于寻找一个隐形的道理或者因素，而且并不把它绝对化。在中华文化中，一是天地万物生发的一个环节，但这个"一"并不是永远控制万事万物、决定万事万物的。"一"只不过是中华文化分析事物的若干要素中的一个，认为是其中的一个关键环节而已。在中华文化中，最后的根本是"无"，因此"一"不是最后的根本，而是最关键的因素，这种最关键的因素也可能因时因事而不同。因此中国人在解决具体问题上，往往更倾向于寻找一个具体的关键点、支点或者窍门，以达到事半功倍的效果。

一即是多（《华严经》）

　　以一制多最为典型的成功案例，是"文革"结束后任主持中央党校工作的副校长的胡耀邦，他通过主导在《理论动态》上首发，然后由《光明日报》转载的一篇《实践是检验真理的唯一标准》的文章，发起了真理标准大讨论，掀开了反思"文革"的大幕，从而撬动了旧体制，才有了后来的改革开放。胡耀邦从纷繁复杂的问题中，找到了一个比较虚的但是影响全局的点，扭动了打开一扇新时代之门的钥匙。

因缘和合

从方法论的角度说，如果能从复杂的问题中找到一个可把握的相对稳定的因素，当然是最省力的。但是就像生孩子取决于男女双方的状态和诸多因素一样，任何事物的运动一定取决于至少两个因素的影响，佛家称之为"因缘和合"。因此，将事物运动简单地归结为单一因素的决定，往往会导致认知的偏颇和行为的偏执。中华文化并不强调一定要找到这样的因素，尤其是不强调找到这样的实体性因素。中华文化虚实结合，而且往往认为虚比实更根本，这一点在前面已经讲过。所以在中华文化中寻找的一，往往是在精气或者道的层次上，并不是某种实体性因素。如果把中华文化理解为什么都归根为一，看作凡事都要找到一个决定性因素，就会陷入认为一个因素规定其他所有事物的简单方法论。

学习和掌握、运用中华哲学，需要注意到这个一和西方是不同的，它是有和无之间的一个环节，而在这个一的背后是无，在一的前面还有阴阳等一系列概念和方法。我们的先人从来没有把对世界的哲学理解简单化到归为一点、不及其余的地步。

第 2 章

阴阳和合

2.0 中华文化中的阴阳

中华文字是象形的，中华文化也具有象形的特点，有学者认为《易经》的阴（－－）阳（—）两个符号，最初来自男女生殖器的形象表达。当然这只是一种猜测，而且遭到了一些学者的明确反对。但是持这种观点也并非没有依据。

《易传·系辞》中说：孔子问，乾坤是进入《易经》的门道吗？（子曰：乾坤，其易之门耶？）然后说，乾，是阳物；坤，是阴物。当然，这里所说的阳物和阴物，是指阳性东西和阴性东西的统称，阴代表被动、柔软、阴暗、女性、夜间，阳代表主动、明亮、坚硬、男性、白天等等，而不是专指生殖器官。不过，这两个词也不能说和生殖器官绝对没有关系。

作为中国五经之首的《易经》，是以一套符号系统为基础展开的。而这个符号系统，就是用阴阳这两个基本的符号组合而成的，由阴阳两个符号演绎出来的。

　　《黄帝内经》中，黄帝问阴阳的功能，上古医学家岐伯回答："阴阳者，数之可十，推之可百；数之可千，推之可万。万之大不可胜数，然其要一也。天覆地载，万物方生。"这段话在书中被反复强调。从这段话中可以看出，古人是用阴阳及其演化的道理来解释和推断一切的。

天地阴阳者 不以数推 以象之谓也

《黄帝内经》里面还强调一个观点，其实也是中华文化的一大特点："天地阴阳者，不以数推，以象之谓也。"也就是说，天地的阴阳变化无穷，不能以数术推算，要用"象"去理解。这也就是本书中已经强调的，中华文化是象形特别是象性的，《易经》用卦象预测，中医把五脏和五行相对应，都是这种思维方式。

阴阳的观念深深地渗透在中国人的头脑之中，成为中华文化最基本的观念之一。阴阳的概念在许多方面都被使用，如在中国的地名、山名之中，就有许多带有"阴"或"阳"两个字的。因为中华文化认为，河的南边为阴，相对湿度大、雨水多；河的北部为阳，气候相对干燥、光照足。因此地名有沈阳、洛阳、襄阳等，都是在江河的北部；又有江阴、淮阴等，都是在江河的南部。中华文化认为，山的南部为阳，因为阳光充足；山的北部为阴，因为山遮挡了北边的阳光，所以有衡阳、华阴等地名。中国人双手抱拳作揖，代表的也是阴阳和合。中国古人把世界也分为阴阳两界，一个是人生活的阳界，另一个是某些生命体存在的阴界，并且认为两界是相互影响的，生命在其中也是相互转化的。

中华文化的阴阳观念在许多方面都有体现，也影响到文学、艺术、书法等。例如，中国的对联和诗词除了讲求字数、对仗之外，还讲求发声的平仄对应。其实平仄就是中国文字的读音的阴阳，平声在现代拼音中即为一声和二声，读起来声音高扬向上，所以为阳；仄声在现代拼音中即为三声和四声，读起来声音短促向下，所以为阴。平仄是阴阳在中华诗词文化中的重要体现。

闲聊茶胜酒 听雨夜吟诗

平仄，这种汉字读音的阴阳变化，在传统文化中很重要，其实在现代汉语表达中也应该受到重视，但是这一很好的文化传统却被人们忽略了、忘记了，甚至有大学教授不懂读音平仄之分。对联中上下句阴阳相对，呼应变化，形成互动，才能成为佳联。诗词也是如此。当今社会中许多撰写对联或诗词的人，不懂得这个基本道理，以为只是上下两句话字数相对、词义相对就是对联，以为凑够字数、有点趣味就是"七律""七绝"或"清平乐"等，其实这样的看法是缺少对中华文化的基本理解所致。中国书法也是讲求阴阳，例如笔画和布局的轻重、疏密变化和相互照应，反映的就是阴阳的观念和阴阳互动互变。不懂得阴阳之道，没有对阴阳之道的较深领悟，很难成为真正的大书法家。

世界上也有少数国家文化中有阴阳的概念，如法国。但法国关于事物阴阳的区分和中国有所不同，而且更大的区别在于中华文化由阴阳两个符号演化出了一个符号体系，演化出系统的世界观和方法论，而法国却没有。因为中华文化具有这样一个系统，所以理解中华文化必须理解阴阳，它是一把理解中华文化的重要钥匙。

2.1　追求阴阳和合

许多人把阴阳理解为主要是相互斗争的矛盾，而且认为解决矛盾只能是一方消灭另一方，这种观点带有明显的战争年代的痕迹，新中国成立后很长一个时期对于斗争的过度强调，特别是"文革"把各种斗争绝对化，都和这种理解有关。实际上，矛盾双方的对立和依存是同时存在的，矛盾的解决并不一定是一方消灭另一方，双方的平衡也是解决问题的一种方式，而且平衡、协调广泛存在于自然界和社会生活之中。

把矛盾对立绝对化，把一方消灭另一方的解决方式绝对化，对于国人观念影响巨大，以至于许多人想当然地以为阴阳关系也是这样。

和阴阳

　　其实这种认识和中华文化的阴阳观念恰好是相反的。中华文化中的阴阳绝对不是这种关系，我们的先人从来没有讲阴阳双方要通过一方消灭另一方来解决问题。恰恰相反，在中华文化中把阴阳双方看作互为条件的，而且认为"孤阴则不生，独阳则不长"（单独的阴不能生存，单独的阳也不能发展），只有阴阳合到一起，实现平衡、协调，对于事物发展来说才是最正常、最健康的，也是对发展最有益的。这种观念叫作阴阳和合。"阴阳交感而生物"，世界的丰富多彩来自阴阳和合，因此也必须维护阴阳和合。

　　在《易经》中有关于水和火之间关系的两卦：火水未济和水火既济。从卦象上看，火在上面，水在下面，叫作火水未济。所谓未济，就是火往上燃烧，水却往下沉，两个不相干、不协调，做事情很难有大成功。相反，水在上面，火在下面，就像用锅来烧水，水火协调，事情成功的可能性较大。这两卦很好地说明了中华文化中的阴阳关系。当然，这只是诸种阴阳关系中的一对卦象。

　　现在人们形成了一种简单的印象，认为中华文化的方法论就是把世界上的事物分为对立的两个方面，误以为中华文化就是"一分为二"的世界观。中华文化确实把事物分为阴阳，但它只是我们先人解释世界的一个环节，除了这种角度还有道、无极、太极、三才、四象、五行、六爻、八卦等一系列概念和关系，我们的先人从来就没有认为仅仅靠阴阳一对概念就可以解释世界。不要简单地理解传统文化。

2.2 中医的阴阳是什么

　　把阴阳和合的方法运用在中医上，是中华文化方法论上一大成功案例。中医用阴阳解释人的五脏六腑，例如肾阴肾阳、肝阴肝阳等。中医看病讲望闻问切，首先要望诊，其实就是看人的形声色等，判断阴阳是否平衡。在中医的眼中，人群中除阴阳平衡的健康者之外，大体有三种人：阳盛阴虚的人、阴盛阳虚的人、阴阳两虚的人。

　　什么是中医讲的阳？什么是中医讲的阴？什么是阳盛阴虚？什么是阴盛阳虚？许多人认为这种说法很玄，甚至认为是故弄玄虚的迷信之说。是这种阴阳的说法根本没有道理，还是古语转换成现代汉语之后，我们已经不了解它的含义，阴阳之说真的虚幻、神秘到不可理解吗？如果真是这样，我们的先人为什么几千年来把它作为诊病治病的依据？其实阴阳的道理很简单，也很明确：阳就是能量，阴就是制约能量的因素。能量过剩所致的过热会导致炎症，能量不足或能量通道阻塞导致的过寒，也可能会导致其他症状，包括炎症。例如，同样是结肠炎，就有热证和寒证之别。如果属于寒证，再一味地用寒凉药物消炎，就会更加阳虚，病情就会加重。

什么是阳，什么是阴？打个比方，在中医的眼中，每个人就像一口下面烧火、上面有水的锅，下面的火就是阳，上面的水就是阴。阳指的是人的能量，相当于汽车的汽油、发动机系统；阴指的是制约、抵消人的能量的物质，相当于刹车系统。从营养学的角度来看，阳来自酒肉、主食这类食物以及阳光，阴来自蔬菜、水果（少部分阳性蔬菜、水果除外）、水以及睡眠等。只有这两类营养平衡，人才能阴阳平衡，身体才能健康。中华文化中的许多概念，都需要现代人的理解和翻译，否则可能因为不理解，会把精华当作糟粕扔掉。中医最基本的概念之一是阴阳，如果阴阳理解错了，可能会失之毫厘，谬以千里。

无论阳盛阴虚还是阴盛阳虚，在中医那里都不是虚妄之言，有人将中医这类说法简单指斥为伪科学，那是因为对中医缺乏了解所致，而且也绝不是负责任的科学态度。其实人的生命体就是一个能量动力系统，这个动力系统和其他的能量利用机制（如蒸汽机械系统）道理是相似的。所谓阳盛阴虚，就相当于锅底的火过旺，水就会烧开，甚至耗干。因此阳盛阴虚的人一般身体较壮，气足声高，脸色发红，昂首挺胸，性格开朗，喜欢交往。还有一个重要特征，就是夜里睡着之后出汗，所以《黄帝内经》讲"阴虚盗汗"。而阴盛阳虚的人正好相反，相当于锅底的火比较小，水烧不开，能量不足，因此一般显得瘦弱（也有少数人虚胖），中气不足，脸色发暗，身体特别是腹部以下寒凉，睡眠往往不好，总感觉身体有这样那样的问题（易患神经官能症），夜里睡觉不出汗，但白天一活动容易出汗。

阳盛阴虚的人，能量过盛，就像锅底的火太大，过度消耗了锅里的水，水蒸气就会往上冒。简单地说，人体的血压、血脂、血糖等指标就类似于水蒸气指标，所以阳盛阴虚的人大多三高——血压、血脂、血糖较高（或者其中一两种高），这类人除了大多肥胖，还容易得血液病、糖尿病、恶性肿瘤等疾病。而阴盛阳虚的人，能量不足，就像锅底的火太小，锅里的水烧不开，一般就不会有血压、血脂、血糖等方面的问题（个别例外），他们没有阳盛阴虚的人那类问题，但是容易有另外一类问题，如肠胃消化不好、手脚和腹部发凉，女性子宫肌瘤，精力不足和睡眠不好，心情抑郁、不爱交往等等，这是因为他们能量不足、身体动力不足以及寒气积聚所导致的。

当然，中医并不是这样简单地判断患者的疾病，许多问题十分复杂，如阳盛阴虚的人也可能腹部和下身寒凉，这可能是肝经郁气导致阴阳不能交流形成的。每一种疾病都需要十分具体深入地分析，以上只不过笼统、简单地谈中医的阴阳方法。

还需要强调的是：望诊是中医重要手段之一，而望诊的一个重要方法就是辨阴阳，看一个人是阳性还是阴性体质，病是阳证还是阴证。《黄帝内经》讲："善诊者，察色按脉，先别阴阳。"这句话说得很明白：善于诊治的好大夫看病，观察病人的面色、摸病人的脉象，首先要区别阴阳。好的中医可以迅速对患者身体状况做出基本判断。而治病的基本办法之一就是平衡阴阳，阳盛阴虚的适当滋阴，而阴盛阳虚的适当补阳，从而让人阴阳和合，身体康复。但是如果中医连最简单、最基本的阴阳方法都不能准确掌握，对人身体基本状况不能清晰判断，对药性的阴阳也不熟悉，治病效果当然就会大打折扣，也会败坏中华传统文化的名声。

善诊者 察色按脉 先别阴阳

"阴阳不测谓之神"（《易传·系辞》），阴阳变化其实往往很复杂，需要深入具体地辨识和利用。优秀的中医可以在分析复杂的阴阳关系基础上去协调阴阳，创造奇迹。这是中国传统医学的伟大之处，也是西医难以企及的。

2.3　兼容是中华文化重要特色

中华文化为什么历时数千年而不衰灭？因为它的特点是兼容，它具有强大的整合能力。这种整合能力来自阴阳和合的理念和方法。

阴阳是两个对立的极端，但是在中华文化中它们却是结合在一起的，而且致力实现两者的调和、和谐。对立的双方并不是非此即彼、你死我活的，而是求同存异、和而不同，这是一种中华文化独有的观念。因为不同而互补，你中有我，我中有你，因为不同而共生共赢，你促进了我，我促进了你，由此而创造一种生生不息、多样共荣的状态。

正因为有阴阳和合的观念，总体上中华文化对于其他外来文化来说，不是狭隘的，而是开放的；不是单一的，而是兼容的；不是敌对的，而是友好的。而且正因为这些，才使得它具有强大的整合能力，无论什么文化，哪怕是遥远的、陌生的，也会被它融入自己的文化丛林之中；无论是和平引入的还是以武力入侵的，最后都会被同化在这片土地上，成为更为多样并且辉煌灿烂的中华文化之花的营养。在中国历史的时间长河中，多少次文化引进，多少次凶猛的外族入侵，结果中华文化不仅依然传承下来，而且多次在危机中重放光辉，中华民族也因此成为一个具有高度认同感的更大的家庭。

共赢

1840 年之后，中华文化受到来自西方文化的前所未有的冲击，也不断有来自中国这片土地上的内部力量发誓要彻底改造，甚至彻底抛弃中华文化，尤其不幸的是在"文革"中，几乎一切可以作为传统文化标志的东西都被冲击，并且绝大部分被毁坏、毁灭。改革开放之后，抛弃中华文化也曾经一度成为一种"时尚"。但是不必特别担心中华文化从此灭绝，它所具有的兼容的智慧和强大的整合功能，将会使自己在涅槃中辉煌再生。只不过这次这只不死凤凰的再生将以新的形式、新的面貌出现，将会具有更新的、巨大的魔力征服更多的人。

不过在近现代一次次冲击下，也对中华文化造成了严重的伤害。这种伤害不仅仅来自文物古迹等中华文化"道场"被毁坏，更来自中国人思维模式的改变：本来兼容、多元的思维变为偏执、单一的思维，使得中华文化在人们心灵中失去了藏身之地。要真正继承和发扬中华文化，必须让中国人在思维方式上重回兼容和多元。

2.4 以阴阳调和万物

中华文化追求的是调和阴阳、天地交泰、万物和谐。阴阳的概念被中国人运用到多种领域，占卜、风水、中医、武术、用兵、治国等等，但是我们的先人并不是用这两个概念来制造分裂和斗争，而是实现合一、协调。

和谐是中华文化的追求。首先是人际关系的和谐，即"人我之和"；然后是社会的和谐，即人群之和；最后是天人合一，即人天之和。所以中华文化推崇和谐，主张"和为贵""和衷共济"。当然这种和是有差异的和，是"和而不同"（孔子语），求同存异，而不是消灭差异，完全一致。强求简单的一致，不允许差异存在，是和中华文化的精神实质背道而驰的，是中华文化的天敌。

　　怎样才能实现万物的协调？这至少需要三个步骤的努力：通变、预测、调和。所谓通变，就是懂得变化的道理和方向，也就是弄清楚什么是阴阳之道，阴阳的相互作用和如何变化。预测，就是在把握这样基本变易之理的基础上，根据具体的情况对未来进行预见，以指导实际的选择。调和，就是在预见的基础上，实现多种因素的变化发展中的协调，实现动态的和谐。

和为贵

　　中医是通人体的阴阳之变，通过预见来治"已病"和"未病"，协调人体及其与自然的关系；治国就是通社会之阴阳，通过预见而协调社会及其与外部、自然的关系。那么武术和用兵不是制造斗争吗？其实也是通武术和用兵的阴阳，通过预见，协调练武者身体及其与环境的关系，或者协调军队内部及其与外部的关系。而且中华文化把用武作为实现和平的手段，最终的目标也是协调。看风水是中国一种古老的职业，从事这种职业的人所使用的方法有相当的神秘色彩，本书并非简单推崇这种方法和职业。但是论及中华文化，风水学是回避不了的。看风水者被称为"阴阳先生"，就是指通风水的阴阳之变，通过观测预见来协调人与自然的关系的人。

　　当然各家流派都给出了实现和谐的路径，儒家要靠中庸和"礼乐"来让人们认同"仁"，达到和谐，所以认为"礼之用，和为贵"。道家要通过让人们顺应自然、无为而治来达到；墨家要让人们通过"兼爱""非攻"来达到。在中华文化中除了中医之外，最具代表性的是太极拳，它以武术的形式模仿阴阳互动和演化，把阴阳的神奇奥妙体现在动作之中，促进人体阴阳的协调和和谐，更是中华文化之奇葩。

2.5 负阴抱阳和以阴制阳

中华文化高度重视阴阳平衡协调，那么是否对于阴阳等同对待呢？并不尽然，在阴阳之中，传统文化中有些学说更重视依靠阴而把握阳，因为前面已经讲到，中华文化更重视虚的东西，认为无是有的根、虚是实的根。

万物负阴而抱阳 冲气以为和

《道德经》中说万物都是背靠阴而拥抱阳，在阴阳二气交流激荡中实现和谐的（"万物负阴而抱阳，冲气以为和"）。从表面道理来看，万物既然都要拥抱阳，那么只要拥有阳不就行了吗？并非如此。实际上万物只有背靠阴，以此为前提才能去拥抱阳。具体来说，如同各种植物，必须植根于土和水，然后向着阳光，才能生长。所以"负阴"是基础，不能离开阴是前提。因此在中华文化中，重视的是阴的基础作用，阳的充实、提升作用。

上善若水

　　从总体上说，老子学说更重视隐蔽的、柔弱的因素，也就是阴的基础作用的。因此在中华文化的数字密码中，作为阴数的双数也就用得比较多，如二（阴阳）、四（四象）、六（六爻）、八（八卦）。尽管三才，特别是五行也很重要，但是在重要数字中，单数不如双数多。相反，在西方文化中比较重要的数字是单数，如一、三、五、七。

　　《道德经》中大量内容讲的就是阴柔之道，处阴以制阳，柔弱胜刚强。在德行上强调"水利万物而不争"，因此"上善若水"；在修道上，尽管道家有获得"纯阳"的说法，但是办法却是要入静，而静在中华文化中是属于阴性的。在风水上，传统文化把人居与祖坟分为阳宅和阴宅，而且认为阴宅对人的影响重于阳宅。在道德上，民间有"积阴德"的说法，而且认为阴德对于一个家族的兴旺影响更久远。至于在兵法上，既然用兵是"诡道"，那就更离不开阴谋，"善用兵者隐其形"，就是以阴柔制胜之策。注重阴阳平衡的中医，很重视滋阴，用滋阴和泄泻以制过度之阳。

阳动而散 故化气 阴静而凝 故成形

当然，阴柔之道对于中华文化也有负面影响，这就是崇尚以阴制阳，甚至崇尚阴谋，一些人把当面一套背后一套当作生存和升官发财的基本技巧，甚至当作一种高超的艺术迷恋和推崇。这就成为中国官场、商场甚至民间道德堕落的原因之一。在中国人心目中，如果说某某人很"阴"，或者说某某人"阴鸷"，几乎等于在说此人在背地里做了许多伤天害理的事情。因此，中华文化尽管重视负阴抱阳、以阴制阳，但并不推崇性格、人格上过于"阴"的人，并视这类人为社会之渣。

2.6　充盈阳气和以阳化阴

万物皆具阴阳，人的生命是阴阳合体。那么阴阳在人的生命体中分别起到什么作用，或者说体现在哪些方面呢?《黄帝内经》中讲，阳化气，阴成形。阳化成身体所需的能量，阴形成看得见、摸得着的身体。阳气使得身体获得动力，充满生机，赋予其精神。反之，如果身体失去了阳气，就成了一具只是物质的躯壳，就会死亡。因此还不能说中华文化整体上在阴阳关系上是重视阴的作用的。重阴只是某一家的观点。明代著名医家张景岳认为:"阳动而散，故化气，阴静而凝，故成形。"虽然阴是虚的，阳是实的，但阳是动的，趋向于发散，所以化为气态的东西；阴是静的，趋于凝滞，所以变成有形的东西。当然，化气和化形是指其变化趋向，并不是指阳的东西一定是气，阴的东西一定是有形的。例如，当我们说一个人或一个东西"阴气十足"的时候，并不一定是指有形的东西。

在中国古人的世界观里，认为天上、人间、地下有不同的世界，而在这三个世界之中，人是阴阳皆具的生命体，而另外两个世界分别是纯阳和纯阴的生命体。既然人的生命体是阴阳皆具的，那么就必须让阴阳和平相处，实现和谐。"得阳者生，失阳者亡"，阳气在古人看来，就是维持人体物质代谢和生理功能的动力及其机制，是人体生长发育、生殖繁衍、生老病死的关键性因素。

人的正常生存需要阳气支持，一般来说，阳气充足，人体就强壮；阳气不足，人就会生病；阳气完全耗尽，人就会死亡。生命是赖阳气而存在的。《管子·形势解》说："春者，阳气始上，故万物生。"任何生命都是伴随着阳气出现和生发而繁荣的。《黄帝内经》说："阳气者，若天与日，失其所则折寿而不彰。"也就是说，人体的阳气就像天上的太阳一样重要，没有了阳气，人就会减损寿命或夭折。张景岳注释说："阳来则物生，阳去则物死。"可见古人对于阳气的重视。

人离不开阳气，这是毫无疑问的。这个道理中国老百姓都懂得，并且人们发现某个人脸色阴暗或惨白、形容消瘦或枯槁的时候，往往直接判断为"阳气不足"。所以中华文化有"补阳""壮阳""温阳"等一系列说法。为此，民间还发明了各种补阳的方法，许多药膳食品、保健品也往往打着"补阳""壮阳"的旗帜，这成为中国保健和饮食中的一道独特的风景。

由于道家认为神仙是纯阳之体，因而道家修炼是非常重视培养、强化阳气的，并且有炼丹、百日筑基等一系列说法。所以，虽然老子单说重视以阴制阳，但后世道家还是重视以阳化阴的。

但是，凡事过犹不及。如果把有形的阴比作车胎，把补阳气比作车胎充气的话，那么对于任何车胎来说，都不是充的气越多越好。因为气过多就必定爆胎，特别是外界提供的热量较多的情况下更是如此。在中医眼中，阳盛阴虚的人就像是气过足而车胎磨损得比较厉害，那么就很容易爆胎，也就是得暴病。因此，所谓"养生就是长阳气""阳气越足寿命越长"之类的说法，其实是不懂中医的人说出来的，这些说法确实让一些人赚到了钱，但也着实害惨了太多的人。问题是，许多人被害得很惨之后，还仍然把它当作"圣经"。

单纯地、一味地补阳气是完全错误的，只有根本不懂医道的伪劣的中医，才会滥用人参、鹿茸、淫羊藿、冬虫夏草等温阳或补阳之物，才会不分阴阳虚实去喝壮阳汤和吃壮阳药膳。实际上这些东西对于一些阳盛阴虚的人有时等于阎王的催命符，已经让许多人提前上路了。需要提醒的是，许多人不但自己滥用补阳药物，而且常常用这些"孝敬"老人，其实这种"孝敬"正是很多老人得脑出血等急病的原因。

适度

　　阳气缺失当然要补，但是阳气过旺一定要控制，否则就必定会走向反面。所以中医不但有滋阴的说法，还有一个重要概念，叫作"泄"，用泄以释放过度的阳气，达到阴阳平衡协调。

　　请看《黄帝内经·灵枢·脉度》中的这段话："阴气太盛，则阳气不能荣也，故曰关。阳气太盛，则阴气弗能荣也，故曰格。阴阳俱盛，不得相荣，故曰关格。关格者，不得尽期而死也。"这段话说的是，如阴气过盛，就会影响阳气不能营运入内，这种现象叫作关。如阳气过盛，就会影响阴气不能出来和阳气相交，这就叫格。阴阳二气都过盛，不能阴阳调和、互相荣养，就叫作关格。关格是阴阳脱离、不相交合的情况，出现关格这种状态，预示着病人不能尽其天年，也就是会早亡。从这段话可以看出，古人对于人体阴阳平衡是多么重视，而且讲得是多么透彻。这段话告诉我们，一味滋阴不行，一味补阳也不行；而且更为重要的是，一味地阴阳一起补，不管它们是否相容相通，绝对不是好事，因为那样非常危险。

第 3 章

三才把握

3.0 天地人三才

老子说："道生一，一生二，二生三，三生万物。"

三是什么？三这个数字在中华文化中首先代表天、地、人。汉字的"三"字，上面的一横代表天，下面的一横代表地，中间的一横代表人。

《易经》的八卦都是由三爻组成，然后又由每两卦组合成六爻，形成六十四卦。《易传》是这样解释的："是以立天之道，曰阴曰阳；立地之道，曰柔曰刚；立人之道，曰仁曰义，兼三才而两之，故《易》六通而成卦。"大意是构成天、地、人的三才，每一项都有两种不同但又相互配合的因素，而象征自然现象和人事变化，那么古人就用阳爻、阴爻这两个符号来表达这样的两个方面因素，然后三爻组成一个卦，再由六爻组成了具体的六十四卦。《易传》这段话，把三才和阴阳、六爻、八卦

三才者　天地人　三光者　日月星

以及六十四卦的关系已经说得比较清楚。

　　三才之说出自《易传》，在中华文化中占卜、风水、中医、用兵、治国等各个方面被广泛应用，成为影响中华文化的重要方法之一。《三字经》"三才者，天地人；三光者，日月星"之说，更是尽人皆知，影响广泛。

3.1 三才之间的关系

天地人三才，相互之间是一种什么关系？它们不是平等、均等的关系，而是规定与遵循的关系。这种关系在《道德经》中老子已经说得很清楚："人法地，地法天，天法道，道法自然。"也就是说，人要遵循地的规定，地要遵循天的规定，天要遵循道的规定，道遵循的则是自然而然的规定。

中华文化中的天，并不只是纯粹物理学的天，而且是冥冥之中的天，是能够在冥冥之中影响甚至支配人的天，就像中医心的概念并不是仅仅指生理上的纯粹心脏器官一样。同样，地也不只是纯粹物质的土地，它是和冥冥之中的其他世界分不开的。孔子在《论语》中不仅谈到天道，而且还强调要"畏天命"；《中庸》第一章中所说：天命叫作性，统率性的是道（"天命之谓性，率性之谓道"）。正是在这种意义上，中国人赌咒发誓时才会说"天地良心"！只有理解了什么是中国人的"天地"，才能准确理解中华文化。

3.2 天人合一

谈到天地人的关系不能不涉及中华文化的一个重要概念：天人合一。其实老子《道德经》中"人法地，地法天，天法道，道法自然"，以及孔子关于"天道""天命"的观念中，都已经具有天人合一的思想实质，或者说为这种思想的生长埋下了种子。庄子《齐物论》更是有"天地与我并生，万物与我为一"的思想，已经有了明确的天人合一的观念，只是还没有这种概念化的精练概括。值得重视的是，《黄帝内经》则提出"天人相应"、人"与天地如一"之说，有天人同类、天人同象、天人同数的观念，已经毫无疑问有了明确而系统的天人合一的思想。到了西汉，董仲舒将这些思想发展成为哲学思想体系，并且用天人合一来概括，这是对中华文化的一大贡献。当然，董仲舒也在某些方面走向了极端，特别是董仲舒时代谶纬之学泛滥和对天意的胡乱猜测，也庸俗化了天人相应、天人合一的观念。

其实中华文化自古就是天人合一的文化，如前面所言，汉字"三"的三横分别代表天地人，而在此基础之上，"王"就是在三字中加了一竖，其意是做帝王的人，就要一以贯之，从精神上打通天地人，在实际上整合三才的关系，实现天地人合一。而且不仅仅做王者要如此，即使你不是王，只有一件事情你要做主，也要在一个点上打通并整合天地人的关系，所以"主"是"王"字上面有一点。可见中华文化对领导者要求是很高的：打通天地人的关系，促进天地人合一。当然，由于这个要求很高，达到的人可能很少。

中华文化要求做人做官，做的是一种境界。当然，要做到这种境界，就首先要理解天地人。如果不理解天地人，不理解天人相应、天人合一，那么境界就无从谈起。这也说明三才的方法对于做官、做人、做事有多么重要，可惜这种方法不但在一般人群之中不甚了了，就连领导干部懂得并且能够运用的也是微乎其微。

人和天在中华文化中，并不是并列的，更不能是人去管天。《中庸》里面有这么一段话："惟天下至诚，为能尽其性；能尽其性，则能尽人之性；能尽人之性，则能尽物之性；能尽物之性，则可以赞天地之化育；可以赞天地之化育，则可以与天地参矣。"这段话翻译成今天的话就是：只有天下最真诚的人，才能够充分实现自己的天性；能够充分实现自己的天性，就能够充分实现他人的天性；能够帮助别人充分实现天性，就能充分实现万物的天性；能够让万物充分实现天性，就可以赞助天地万物的化育；可以赞助天地万物的化育，就可以参与天和地的运化了。这段话的意思是说，人必须顺应自然，让万物充分实现自己的天性，才可以顺着天地的道去参与天和地对事物的孕育变化。《中庸》把这叫作"参"，所以"参"字的最后三撇，就是天地人三者关系的"叁"字的最后三横变化而来的。古人也有的把"参天地"解释为人与天地"并立为三"，这样说也不无道理，当然这是引申之意。

与天地参

　　这种关于天性和与天地参的观念，已经把教育工作和领导工作以及任何工作的最重要的道理讲得非常深刻明白。做领导工作尤其是做教育工作，就是通过释放人的天性，激发人的潜能，来达到尽物的性，顺应物质世界的规律及其背后的道，来参与影响事物的变化，做到"天地参"。而做到这些的前提条件就是首先要真诚。我们的领导者和教育工作者，有多少做到了呢？如果按照这个道理来做工作，有什么事情会做不好呢？

　　"与天地参"是中国古代天人关系的主流思想。但是荀子又有一个提法，几十年前被误读并发挥到了极致，这就是"人定胜天"。这一说法一直颇有争议。对此近代思想家、教育家王凤仪先生曾给出一种解释，他认为荀子本意是：人只有入定，才可以改变命运。具体地说，"定"是指入定的定力，天是指命运，因此人定胜天也可以解释为：人只要定得住，就能够改变命运。这和佛经上讲的"制心一处，无事不办"的道理是一致的，比较符合中华文化的逻辑。其实还可以作另一种理解：荀子崇尚黄老哲学，重视无为而治，他强调"人之命在天，国之命在礼"，因此要"制天命而用之"，也就是用礼制来体现天命、顺应天命。恰恰和一般的理解相反，荀子讲的是体现和顺应天命，在他的整体思想之中，根本没有战胜天的意思。所以，他讲的"人定胜天"，是指能让人心安定，胜过对天意的猜测、对天的祭拜。

今人对古人许多说法误解很多，有的甚至理解的意思和本意截然相反，"人定胜天"就是其中非常典型的例子。

3.3 时也运也命也

天地人三才，是中华哲学为我们提供的一种认识和把握事物的方法。其实在中国人心目中，这个天并不只是浩渺的苍天，有时指的是不可操控的大趋势、大环境；地并不只是茫茫大地，也指具体的环境和时机；人则是指人际关系与人的状态和作为。事实上，三才揭示了影响人做事情的三大基本要素，这是做任何事情都离不开的三大要素。把握住了它们，等于既把握住了战略方向，也把握住了具体行动的条件和方法。所以三才是一种十分简洁而又全面的综合分析运筹方法。

三才揭示了可以用来分析、把握任何一件事情的三要素分析法。因此，三才是一种极其高明的方法，它不只用于占卜预测，还可以运用于经营、行政、战争以及国家战略等等。有了这一方法，决策就可以更明智、更有前瞻性、更全面，做事就可以更成功。

认识大环境、大趋势，把握具体的环境和时机，然后去有效地做事，这就是三才方法的基本要求。其中，大环境和大趋势，就是不可改变的"命"；小环境和时机，就是"运"和"时"。所以人常说"时也、运也、命也"，尤其是"顺天命"，要做到"识时务者为俊杰"。做事要首先知天命，大处着眼，顺应大势，把握时机，才能有所作为。

三才方法要求把三个因素结合起来分析问题，特别是做事要看大局、大势，把握时机和条件。这就是所谓天时、地利、人和。"小米"的创始人雷军说过一句很流行的话："站在风口上，猪都会飞。"说的就是做事要善于利用发展大势。回头看中国改革开放几十年，其实一些在各个方面成功的人都是被"风"吹起来的，有些人甚至是莫名其妙地被吹起来的，许多人以为成功完全是靠自己的本事，其实那是一种错觉。一个人完全不懂大势，不看大势，不抓住时机，甚至逆势而行，绝对会一败涂地。

天时 地利 人和

对于三才这一把握事物的方法的滥用和误用，就在于过度地重视时势而昧于大局、大势。在历史面临选择的时候，总有一些人强调要"识时务"，作为逃避责任和放弃原则的借口，或无所作为，或投机取巧，甚至丧失人格。例如，最后成为汉奸的汪精卫，抗战早期并不主张投降，而且他还曾经是坚决的主战派，做过一些军阀抗日的动员工作。他由主张抗日转向投降，一个重要原因就是认为日本实力太强，中国弱而散，认为最后中国必败。他虽然看到了敌强我弱的时势，但是没有弄清国际反法西斯的大局大势，也没有认识清楚中国地大物博、人口众多和日本岛国资源有限、兵力有限的根本性对比，判断失误，不顾气节，成为民族的千古罪人。

中华文化强调大智慧，三才分析法就是提醒人们要全面地、根本地、综合地看问题，而不是要投机取巧、随风倒的小聪明。

3.4　三是成事的格局

中华文化中，三不只是指天地人三者关系，还指两个点之间或者之外的某个点。

许多人很重视中华文化中的"二"，即阴阳，却不重视"三"。其实"三"在中华文化中同样很重要。我们对于传统文化既不能只知其一，不知其二，同样也不能只知其二，不知其三。

那么"三"重要在哪里？重要在它是在整合对立面之上而得到的，它让人跳出来看问题。

执两用中

　　孔子就很重视寻找这个三。他在《论语》中说：我有知识吗？其实也没什么知识。有的人求教于我，那么自己没有知识怎么办呢？我就问他两个极端的问题，最后发现极端了就是错误的，所以就穷尽了问题，得到了正确答案（"吾有知乎哉，无知也，有鄙夫问于我，空空如也，我叩其两端而竭焉"）。这种思维方法，在《论语》中孔子称之为"中庸"，在《中庸》

里面这被发展为"执两用中"的一套思想和方法，被称为"中庸之道"（"执其两端，用其中于民，其斯以为舜乎？"）。

什么是"执两用中"的中庸之道？就是在两个对立的端点之间或者之外，来寻找一个最佳的第三个点。这个最佳的第三个点很像西方审美上的黄金分割率的点，而不是各占一半的简单折中。《中庸》认为，凡事寻找不偏颇而又恰到好处的那个点，就是应该遵循的中庸之道。因此正确的思维法则应该是超越两个极端，去寻找和把握第三个也是最佳的点。因此"三"是正确思维的格局，当然也是正确做事的格局。

这种寻找和把握最佳的第三个点的思维，在佛家的方法中也有体现，佛家《大智度论》卷四十三讲道："常是一边，断是一边。离，是两边行中道。"还有"诸法有是一边，诸法无是一边。离，是两边行中道"。虽然佛家这些理论并非来自中国，但是这样的观念在中国禅宗那里得到了进一步发扬。禅宗强调"不二"，即没有分别，当然这种没有分别并不是落在具体的一点上，而是"不执着"；不是非此即彼，而是超越了彼和此的第三种状态。道家也有类似的观念，如《太平经》认为阴、阳相得，和合而为"中和"，也就是形成第三种状态，在这种第三种状态下，万物才能得以滋生繁衍。

中道

中庸、中道、中和，道理是相通的、一致的。

需要指出的是，不管是儒家还是佛道两家，否定的都是一方一定要战胜、消灭另一方的极端思维。这样的极端思维在中华古代文化中没有来源和依据。

在几何学上，三个点才能形成稳定的结构；在实践上，三足才能形成鼎立。"三"是正确思维的格局，更是正确做事的格局。邓小平也善于运用"三"进行战略布局，如他的"一个中心，两个基本点"，其实加在一起就是"三"。

3.5　人靠精气神

人要活出"精气神"，这话在中国很普及，老百姓都经常用。人们见到一个人身体状况好，总是说"你很有精气神"。相反，如果看到一个人身体状况不好，会说"你最近精气神不行"。许多人都喜欢在居室和办公环境里悬挂写有"精气神"的书法作品。可见，中国人对精气神是何等重视。

自古以来精气神被中国人称为"三宝"。值得注意的是，这"三宝"并不只是人健康必备的三要素，而且也是人修行、提升生命层次不能不开发利用的最宝贵的资源。

精气神

精气神观念，来自春秋战国甚至更早。《老子》《黄帝内经》《庄子》《管子》《孟子》等书，都曾经对精气神有论述，并强调"养气""存精""守神"的养生之道。此后，精气神之说在道家内丹学和中医养生学中，进一步形成了"三宝"之说，有了比较系统化的阐述。

精在中华文化中不是纯粹的物质精华，也不只是男人的精液，而是精华物质和灵性的结合体，它藏在肾（中医所说的肾包括肾脏和生殖系统）里面，人们也把男性精液、女性阴液甚至血液、津液视为精的物质呈现。《黄帝内经》说"精者，身之本也"。精，是身体的根本，如同先有精子才有人一样，先有精才有人的身体。

精是精华物质与灵性的结合体，而气是比精更为虚灵的东西。气并不是指人们平时呼吸的空气，而是指经络中运行的气（古人为区别于呼吸之气，也写作炁），可以在丹田聚集的精华之气。庄子说"人之生，气之聚也"，气聚起来并且生生不息地运行，才有了人的生命。所以《黄帝内经》说"气者，人之根本也"，气是人能够成为人的根本。

神是比气更虚灵的东西，是不以物质形式表现的生命的灵性，在中华文化中被看作生命更根本的存在形式。因此它是生命的主宰，所以刘安的《淮南子》说："神者，生之制也。"说的是神就是生命的主宰者、管控者。神既然主宰着生命，也就会通过生命力表现出来，所以人们评价人生命的状态，往往说有没有"神采"，或者说"有神""没有神"。

必须指出的是，一些养生的书和文章中把精说成是生命的精微营养物质，气是呼吸的精华、流动的营养物质，神是人的神经系统的思维、心理活动，这种理解和古人所说的"精气神"完全不是一回事，已经差之毫厘，谬以千里。那是用西方的理解来解释东方文化的精华，已经把精气神真正的内涵解释没了。

在古人看来，精液、阴液当然和精有一定区别，它们只是精在一定程度上的物质呈现；人是否显得神气的气和真正的精气也有一定区别，前者也是后者的物质呈现；人的神采、思维和精气神中的神也有一定关系，但它们也是神在人生命体的作用的呈现。不过把这些混淆起来并不是今天才出现的，所以古人对精气神，都用先天之精和后天之精、先天之气和后天之气、先天之神和后天之神来加以区别。

精气神的关系是一体的，互为条件、互相转化的，所以王阳明《传习录》有"流行为气，凝聚为精，妙用为神"的说法。陆西星《心印妙经注》说："神之所至，气亦至焉；气之所至，精亦至焉。又皆相依相济，以成自然之用。"

精气神三者虽然同为"三宝"，而且互相依存，但是它们的关系并不是并列的，而是有层次的。因为神是生命的主宰，气是人之所以有生命的根本，精是身体的根本，所以宋代张伯端的《青华秘文》（有说此书为王邦书伪作）说三者关系为："神为主""气为用""精从气"。也就是说是这样的顺序：先有神，然后因神的作用把气聚起来，而后神和气的作用形成了精，才有了活生生的生命。神是三者中的最高主宰。

关于三者关系，张三丰的一句诗，成为道家奉行的经典之言："顺为凡，逆为仙，只在中间颠倒颠。"在道家看来，人的生命是由神到气，再由气到精，从而生出了人的肉胎，有了生命。遵循这样的顺序，生出的只是凡人。但是成仙就不是这样的，而是相反，也就是按这个顺序反着进行：把精还原为气，把气还原为神，然后让神归于虚无。这就是所谓："炼精化炁，炼炁化神，炼神还虚。"后来又有人加了"炼虚合道"（《性命圭旨》）一句。这四句话是对道家修仙的内丹法简明扼要的精准概括。其实，既然还虚就是合道，是否还需要有一个"炼虚合道"的过程，不得而知，对于这个说法是无法评论的。

需要指出的是，精气神的说法不只是用到内丹、养生上，而且古人还做了延伸的使用。例如，人们在欣赏一幅书法、绘画或诗词作品的时候，往往说"有精气神"或者"没有精气神"，把作品当作有生命的东西来评价。中国的艺术创作，其实走的就是"炼精化气、炼气化神、炼神还虚"这样一条路，只不过前面还有一个最基础的环节，可以称之为"炼实化精"。书画艺术尤其如此。具体来说，首先是炼实化精：取材于现实，但是并非如实地、全面地、细致地反映现实，而是取现实题材之精华；其次是炼精化气，也就是把一些东西变为模糊的存在，感觉如同有气的存在和运行；再次是炼气化神，在阴阳、虚实的变化中体现一种神韵；最后是炼神还虚，通过神韵的变化，不但创造一种想象的空间，更重要的是创造一种直觉的体悟空间，让人进入直悟的境地，实现与虚无合一，也就是与道合一的似有似无的体现状态。可以这样说，这四个层次是中华艺术的创作阶梯：做到炼实化精的作品，只是初级水平；做到炼精化气的，才具备了中华艺术创作的基础；做到了炼气化神的，才称得上是艺术作品和艺术家；而做到炼神还虚的，才是精品和艺术大家。纵观中华文学艺术作品层次，大体合乎这个顺序。

炼精化炁　炼炁化神　炼神还虚

3.6 不能不知其三

几十年前，中国哲学曾经有过"一分为二""合二而一"以及"一分为三"的争论，甚至学术争论演变成政治事件。时至今日，学界提起这段往事，仍然不禁感叹。

其实，只有在传统文化被无视的情况下才会有这样的争论。因为在中华文化中，既有零，也有一，还有二，当然也有三，更有其他一系列数字化的方法。我们的先人们从来没有把哪个绝对化。

妙用无穷

在对待二和三的关系上，中华文化确实有双方既对立又统一的阴阳观念，也可以称之为"矛盾的观念"。但是并不认为这种对立统一是必须打破的，反而重视协调平衡双方的关系，找到它们最佳的平衡点，或者跳出两者的对立找到第三个可以包容双方合理性成分的点。学习中华文化的时候，我们一定要注意这个三，因为它跳出了简单的二元对立，充满了大智慧。尤其是运用于实际的时候，更是妙用无穷。

当然，人在世界上会遇到各种各样的问题，因此也需要从各种角度去看，需要用各种方法来应对，没有一种方法可以替代所有方法，这是由世界的多样性所决定的。所以我们的祖先很有智慧，并没有局限于一种方法，而是发展出了多层次的方法，可以让我们从多种角度来看问题和处理问题。

在中华文化中，你要知道一，去把握事物的总开关，或者找到撬动问题的支点；你也要知道二，要用阴阳的方法，但是也不要把它们绝对化，一定要同时知道还有其他方法。如果只知其一，就会偏执；如果只知其二，就容易强调对立；如果不知其三，就是不知变化、不知权衡，不知道看到第三方，不知道寻找最佳点；如果只知道一二三，那么你所理解的世界还是太简单。

千万不要别人给你一把钥匙，你就以为可以打开全世界所有的门。中华文化从来没有试图给我们这样一把万能的钥匙，因为万能的东西只是在童话中存在。中华文化给我们提供的是一串钥匙，而且有时候即使只是打开一扇门，这串钥匙也需要组合使用。

第 4 章

四象有度

4.0 四象指什么

"两仪生四象"，这一说法来自《易传》。两仪是指阴和阳，四象是再把阴阳按照发展阶段的不同，各自分为两种，从而阴阳各有两种状态：少阳、老阳和少阴、老阴。

对于中华文化了解不深的人，往往以为四象的说法比较多也比较乱，如既指少阳、老阳、少阴、老阴，又指东、南、西、北；还指春、夏、秋、冬；还指青龙、白虎、朱雀、玄武；还指金、木、水、火，等等。所以四象究竟是指什么，没有定论。

其实，四象是指阴阳的四种状态，而上述所说的方位、季节等，和四象是一种对应关系，就像阴阳和男女、天地的关系一样。

致广大而尽精微 极高明而道中庸

有些自以为了解中华文化的人，只知道中华文化把事物分为阴阳，并不知道还把阴阳分为少阳、老阳、少阴、老阴这四种状态。其实对于这四种状态的区分，恰恰体现了中华文化的精细和微妙，即所谓"致广大而尽精微"。

中华文化并不是仅仅把事物分为阴阳，而且还明确区分阴阳的变化阶段。准确地把握阴阳的变化阶段，才能进一步理解中华文化。

4.1 四象的对应关系

为什么四象会和一系列事物或属性形成对应关系？因为阴阳并不是静止不动的，而是消长变化的，四象就是指这种消长变化的不同阶段和状态。

四象所指是非常清楚的，它指的是阴阳（即两仪）的变化阶段：少阳是阳的升起，事物的阳在逐渐上升、阴在逐渐下降的状态；老阳是阳达到极点，事物的阳上升到最高，阴下降到最低的状态后，阳趋于衰减的状态；少阴是阴的升起，事物的阴在逐渐上升、阳在逐渐下降的状态；老阴是阴的极点，事物的阴上升到最高，阳下降到最低的状态后，阴趋于衰减的状态。具体以日照为例，子时无日照从而阴到极点为老阴，午时日照最强并且到极点为老阳，卯时是太阴向太阳转化的状态为少阳，酉时是太阳向太阴转化的状态为少阴。

春夏秋冬的道理与此相似，冬为老阴，夏为老阳，春为少阳，秋为少阴。在中华文化中，东西南北和金木水火又是和春夏秋冬相对应的，也即和四象相对应。至于朱雀、玄武、青龙、白虎，本来就是代表东西南北四个方向的，自然也就与四象相应。

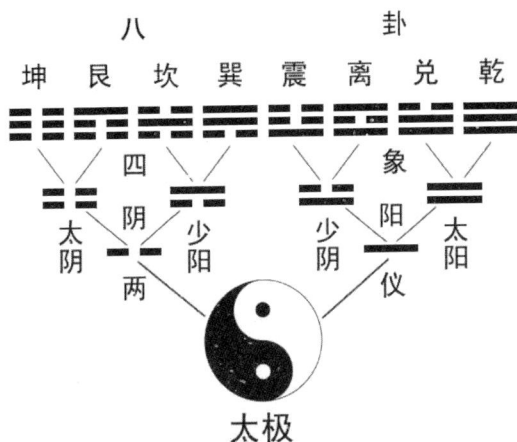

太极生两仪　两仪生四象　四象生八卦的关系图

　　所以要理解四象，从根本上要把握少阳、老阳及少阴、老阴是阴阳变化的时段和度，这是它的本义，然后理解它们同中华文化中诸多概念的对应关系，区分基本概念与对应概念，否则难免会出现误解和曲解。

4.2　把握变化的度

　　四象反映的阴阳变化的过程，告诉我们三个重要的道理：第一，阴和阳都不是绝对的，经常你中有我，我中有你；第二，阴和阳总是处在动态演变的过程中，这四个概念就反映了演变的过程；第三，既然老阳、少阳、老阴、少阴反映的是阴和阳变化的动态过程，那么它们给我们的就是度的概念，启发我们随时把握变化的度。

在把握阴阳变化的度的问题上，中华文化主张的是阴阳和合、阴阳和谐。我们的先人深知物极必反、盛极而衰的道理，因此推崇的不是绝对的阴或绝对的阳这种极致，更没有把代表阴的东西或代表阳的东西集中到一起，作为吉祥的东西来崇尚。

数字奇数为阳，偶数为阴，这在中华文化中是众所周知的。但改革开放以后广东先富起来，一些人根本不管这些，按照谐音便认为某个数字吉利或不吉利，这种观念因为"先富带后富"传到了全国，以至于人们选择车牌号、电话号码等喜欢一串六或八或九，等等。人们由六想到"溜"，因此将其意理解为顺，还由八联想到发，由九联想到久，认为这几个数字好，所以喜欢电话号码和车牌号为某个数的连数。其实号码由单独的某个数组成，这在传统文化看来是犯了大忌的。中华传统非常重视阴阳平衡、协调，缺少了协调，怎么会有吉利可言？

古人早就说过"孤阴不生，独阳不长"（《雪心赋》），意思是只有阴是难以有生命的，只有女性能自己生孩子吗？而且阴气过重也难以孕育生命，女性宫寒就是不孕的原因之一。同样的道理，只有阳也是无法生长发展的，就像只有阳光没有水分一样，或者只有种子没有土地一样，只有男人也不能孕育生命。同样的道理，从术数的角度看，如果一个号码单独由阴数组成，象征着阴气过重，会有怪异邪祟之事发生；如果一个号码都由阳数组成，则阳气过旺而不能控制，象征着盛极而衰、大起大落。当然，这是用传统文化来理解其象征意义，并不是承认这种说法完全站得住脚。不过，号码对人的心态是有影响的：用阳数连号的人，往往自以为是，心态不平静或者过于张扬、争强好胜。从心理学角度看，极端的号码反映的是一种极端心态，也容易出现极端行为，产生极端后果。

本来，中华文化对于数字有独到而系统的理解，有一整套的哲学观念和方法论基础，如果仅仅以谐音来象征吉凶祸福，实际上已经背离了中华民族精深的传统文化，而偏离到了简单的儿童理解水平，是一种谐音恐惧心理和谐音幸运心理在作怪。当然，阴阳之说对数字的解释也有牵强之处，并不符合科学思维。不过这是另外一回事，这里讲的是什么才是传统文化思维，强调的是不要把数字谐音理解为传统文化。但是不管怎么说，中华传统文化告诉人们不要堕入极端，强调适中，总是很有道理也很有意义的。

孤阴不生　独阳不长

　　为什么人们远离了真正的传统文化，不知传统禁忌，却把一些相当于儿童理解水平的谐音当作了传统文化的禁忌？这是因为近代以来传统文化不断受到冲击，人们对传统文化的理解只知皮毛，因此很容易理解错位，就不知不觉用胡猜乱想取而代之了。可见，传统文化的缺失，已经有多么严重。

4.3　四代表全面协调

四在中华文化中是一个很重要的数字，因其代表东西南北四个方向和春夏秋冬四个季节而象征全面，所以自古以来中国人就喜欢四这个数字。许多带四的数字都有全面、整合、和谐之意，如成语四面八方、五湖四海、四平八稳、四通八达、名扬四海等等，而出了问题则叫作四面楚歌、四分五裂。古代文人的书房用品被称为"文房四宝"。

一般人可能以为，四和五两个数字，不是五更能代表全面吗？其实它们的角度和意义是不一样的。四代表东西南北，而五则代表东西南北中。中的位置，往往代表主人自己，因此如果不包括主人自己，而是用来指别人、别的方面的时候，则四就代表全面了。比如，我们说四方来客或八方来客，不能说五方来客。我们说做事情，时时刻刻要想到四面八方，就是跳出自我局限想到全局，想到整合各方面资源。没有顾全大局、协调四面八方的意识和观念，做事很容易顾此失彼，难成大器。

古人还强调"四合"，本人所出生的乡就以"四合"为名，称为"四合当乡"。和合，是中华文化所强调的一个重要概念，中国人民大学研究传统文化的张立文教授，曾经力主以"和合学"来表达中国哲学的核心内容，这是有道理的。

致中和

人所共知，中国传统纪年方法是天干地支纪年，而天干地支并不仅仅用于作为年月日时的名称，更为重要的是从中进行顺逆吉凶的判断，从而协调各个方面因素，化凶为吉。例如，用天干地支来表述人生日时辰的"八字"，在判断"八字"顺逆吉凶的时候强调"四合"：天干地支相合称为"天合地合"，日柱天干相合称为"人合"，日柱地支相合称为"己合"。所谓四合，就是天合、地合、人合、己合。实现与天合、与地合、与人合、与己合的四合，就意味着协调和顺遂，也意味着平安和成功。失其一合，就得不到这些，或者难以顺利得到。八字算命，这是论及传统文化时绕不开的问题。我们应该从这种方法、说法中去理解中华文化中的和合观念，而不是去纠缠八字算命是否科学正确的问题。

中华的和合文化，注重的就是这样多方面的整体的协调。正因为古人重视四合，所以在古代连住宅最为流行的也是四合院。四合院起于西周，发展于汉唐，鼎盛于明清，是中国住宅的一种重要建筑形式，体现了四合的理念。可见，四合观念在中国古代人的心目中是居于很重要的位置的。

4.4　无度就会坏事

四象观念体现的是事物的阶段性。把握度才能成事，才能长久保持事物发展的较好状态。如果失去恰当的度，就会失之毫厘，谬以千里，就会误事，就会坏事。这是中国古代哲人反复强调的道理。

无论哪个民族都会有哲人讲到做事情要适度，但中国的老子应该是讲得最透彻、最有哲理的，因为他是在道的这个层次上来讲的。老子说"物极必反"，这是道在事物运行中体现出来的规律。他认为水过于满了就会流出，所以要及时停止灌水；刀刃打造得锋芒太露，就不可能长期保持它的锐利；满屋的金银财宝，没有人能做到把它长期守住。有了财富及地位后挥霍浪费、骄横跋扈，灾祸很可能随之而来。功业成就时，就要考虑收敛一些，不能贪恋成果。这些都是天的道。(《道德经》："持而盈之，不如其已；揣而锐之，不可长保；金玉满堂，莫之能守；富贵而骄，自遗其咎；功遂身退，天之道也。")老子教导我们做事不要追求过高过多，不要锋芒毕露，不要贪恋财富、地位，不要骄横张狂，凡事一定要适可而止，这样事业的发展才是可持续的。

反者道之动

这个道理在《易经》的一些卦里也有阐述。例如，"乾卦"，是以龙的潜藏、起飞、飞行过程来形象地讲做人做事道理的。这一卦前面五爻讲的都是怎么准备腾飞和怎么腾飞，但是最上面一爻即最后一爻，也就是上九爻，爻辞是"亢龙有悔"，其意是龙的腾飞要适度，如果过高，一旦达到顶点，就必定开始败落，追悔莫及。对于这个道理，许多从政和经商的人在事业落入低谷尤其是败落的时候，才发现确实是至理名言。

这个道理也是孔子一再强调的。孔子年轻的时候曾经专门拜访过老子，老子对他有过专门的指点。孔子是强调用礼仪和音乐来治理国家的（礼乐治国），但是孔子的学生子贡就这个问题问孔子：您认为我的同学子张和子夏这两个人，哪个更贤明一些呢？孔子说：子张做事情常常超过周礼的要求，子夏则常常达不到周礼的要求。子贡又问：子张能超过是不是好一些？孔子回答说，"过犹不及"，也就是超过和达不到的效果都不好。在孔子看来，做事情一定要把握分寸、恰到好处，包括在礼仪上也是一样。

佛家同样强调做人要把握自己的限度，宋代的法演和尚送给弟子的著名"四戒"就是："福不可受尽；势不可使尽；好话不可说尽；规矩不可行尽。"这是做和尚的四戒，其实也是做人、做君子的四戒。因为人如果不惜福，福一旦享受尽，祸就会来，就该受罪了；如果有权势就飞扬跋扈、为所欲为，就会招致反对和反抗，导致失去权力和势力；恭维的话说得过多，失去真诚，必定有被识破或被人反感的时候，反倒适得其反；定规矩是为了把事情做好，如果完全按照死规矩办事，不看具体情况，人完全成为死规矩的工具，就根本不能做好事情。佛家是强调因果重视因果转化的，这四句话告诉我们，做事情一定要留有余地。

禅宗在修行上强调不执着于空，也不执着于法，反对枯坐强修，认为如果不能把握修持的度，提升修行的境界是不可能的。禅宗还有"两头俱截断，八面起清风"的说法，说的是悟禅要去掉执着是非、好坏、善恶等两端的分别心，这和中庸之道虽然有不同之处，但也有异曲同工之妙。

古人强调适度，那么为什么许多人认为强调"矫枉过正"也是中华文化传统呢？其实这是一种误解。"矫枉过正"这个词，最早出自南朝范晔《后汉书·仲长统传》："逮至清世，则复入矫枉过正之检。"指把弯的东西扳正，又歪到了另一边，比喻纠正错误超过了应有的限度。在书中作者并没有赞同这种做法，更没有说"不过正不能矫往"，而是认为过正是有问题的，应该反对的。对于这类问题，我们在谈到传统的时候，一定要加以甄别。

4.5 中庸是寻求最佳点

中华文化高度重视把握和控制变化的度，以达到平衡和谐，这种思想被称为"中庸之道"。

人心惟危　道心惟微　惟精惟一　允执厥中

　　中庸的提法出自《论语》，但是中庸思想却形成得比较早。早在《尚书》中就有："人心惟危，道心惟微，惟精惟一，允执厥中。"这里记载一个故事：舜把最高权力交给大禹，并且向他传授治国之道，说：人心是比较险恶的，道这个东西又很微妙，那么怎么才能赢得人心并且把握治国之道呢？我告诉你一个办法，这就是要精神集中专注一个原则：做事一定要适中。舜可谓推心置腹，谈了自己治理国家的心法。《尚书》还有类似的思想："无偏无颇，无偏无党，王道荡荡。"所以中国远古就有"执中"的智慧，这也是中庸之道的思想源头。

　　中医的《黄帝内经》讲五运六气，强调金木水火土的气既不能"不及"也不能太过，认为两种问题都能致病。例如《黄帝内经》认为，木运之年如果木运太过了，大风天气就会过多，人易得肝病；木运不及之年，就会出现燥气流行，肃杀之气太甚，人易得肺病。中国的占卜道理也是一样的，认为金木水火土中哪种要素缺乏或者过强，都会造成对当事人不利的影响。这些体现的都是中庸观念。

4.6 对中庸的正确理解

中华文化是做人的文化，而中庸也是做人的原则。《中庸》一书中孔子讲："君子中庸；小人反中庸"。书中紧接着还有一段话："君子之中庸也，君子而时中。小人之中庸也，小人而无忌惮也。"这句话是讲，君子之所以能合乎中庸的道理，是因为君子能随时守住中道，懂得随时找到适中的点；小人在中庸问题上，表现为无所顾忌，肆无忌惮。所以孔子说中庸是一种最高的道德（"中庸之为德也，其至矣乎！"）。

对于什么是中庸之道，宋朝程颐的说法是："不偏之谓中；不易之谓庸。"意思是，所谓中，就是不偏；所谓庸，就是不变。程颐是北宋理学的奠基者之一，所以许多人认为这个说法理所当然是对的。其实这个说法恰恰误导了人们上千年。他这个"不变"和孔子说的"时中"的意思恰恰是相反的。

执中无偏

　　中庸究竟是什么意思呢？确实，中是不偏，这并不存在问题。但是"庸"字在春秋战国时期，它的本义并不是不变，而是指运用。"庸"字和"用"字意思接近，在先秦是对某些地位较低的劳动者的一种称呼，其意是供使用的人。这个字从来没有程颐所说的"不变"的意思。《庄子》解释说："庸也者，用也；用也者，通也；通也者，得也。"古代的解释大多和庄子的说法一致，如汉代的郑玄解释说："中庸者，以其记中和之为用也：庸，用也。"意思是，中庸，就是中道的运用。汉代许慎《说文解字》的说法："中，内也；上下通也。""庸，用也。"综上所述，什么是中庸？中就是兼顾上下左右，庸就是灵活运用，有适度调整变更之意。"中庸"就是通过灵活调整把握，使事物处于适中的最佳状态，这个道理很明确。

为什么程颐把"庸"说成是"不易"——也就是不可改变呢？其实他是按照自己的需要来解释的，因为他强调自己提出的"天理"的概念，认为"天理"是不因条件变化而改变的。如果中庸是一种灵活的方法，那不是和他强调的不变的"天理"相冲突了吗？程颐强调说："理，则天下只是一个理，故推至四海而准。须是质诸天地，考诸三王不易之理。"（《遗书》）这句话告诉我们："天理"是唯一的、四海皆准的、至高无上的、不可改变的。程氏《遗书》卷二十二，载有程颐和一个人的对话："'人或居孀贫穷无托者，可再嫁否？'曰：'只是后世怕寒饿死，故有是说。然饿死事极小，失节事极大。'"翻译成现代语言就是：有人问，如果一个寡妇很穷，生活没有依靠，是不是可以再嫁呢？程颐冷冰冰地说：那只是后来人们怕冻饿而死，才有这样的说法。但是要知道，饿死人的事情很小，失节的事情却是极大的。一个这样来强调所谓"天理"的人，怎么可能会认为世界上的道理是可以变化的呢？怎么可能正确地去理解孔子强调的不走极端的中庸之道呢？怎么能接受孔子所说的"时中"呢？于是程颐为了维护所谓绝对不变的"天理"，不顾自古以来文字的本义，对"中庸"重新进行了演绎。

程颐在这件事情上开了一个很坏的文字解释的先例，就是按照自己的需要对古人提出的概念随便进行定义。在这个先例之后，理学的后来者朱熹又大胆地继承了这一做法，对"止于至善""亲民"等古语又进一步作了扭曲本义的解读。

例如，《大学》里有这样一段话："大学之道在明明德，在亲民，在止于至善。"这段话中的"亲民"二字，和仁者爱人、畏民志、敬老等提法是一致的，就是亲近、亲爱的意思。朱熹却把"亲"解释为"新"，也就是改变，强调要"作新民"，也就是改变老百姓，或者要求老百姓自我改变，去符合天理。

在谈到朱熹这种观点的时候，王阳明在和学生对话时认为，朱熹的说法使得《大学》的前后观点无法贯通一致。王阳明说："君子贤其贤而亲其亲，小人乐其乐而利其利""如保赤子""民之所好好之，民之所恶恶之，此之谓民之父母"之类，都是"亲"字的意思。"亲民"就是孟子所说的"亲亲仁民"的意思。王阳明认为朱熹对"亲"字的解释，既无古文字的根据，也没有儒家思想的学理依据。

确实，在古文中"亲"字并没有"新"的意思。一个既没有文字依据又没有学理依据的说法，为什么被兀然提出？因为朱熹需要的是人们承认他所强调的"天理"，统治者推行他所强调的"天理"，统治者一旦亲近民众，动了仁慈之心，"灭人欲"的"天理"就无法被认可和推行。本来仁爱是儒家观点的核心总纲（孟子解释为"亲亲仁民"），而朱熹要用"新民"二字，也就是以要求老百姓自我改变去主动符合天理的观点，偷换了儒家的核心内容。

朱熹完全沿袭了程颐的做法。他们这种不以文字也不以学理为依据，用自己的观点强行解释经典的做法，是很令人惊诧的。我们在学习传统文化的时候，对这类问题应该加以鉴别。

中庸之为德 其至矣乎

4.7 止于至善

孔子和历代儒家学者都强调中庸，那么怎么才能做到中庸呢？孔子的学生曾参在所著的《大学》中，认为关键是做人做事要"知止"。

知止

知止

什么叫作"知止"？就是知道停止。进一步说，人要知道约束自己的欲望，进行自我管理。《大学》里这段话非常精彩："知止而后有定，定而后能静，静而后能安，安而后能虑，虑而后能得。"这段话把"知止"的重要性说得很清楚了：知道停止，然后才能有定力；有了定力，才能平静下来；平静下来，才能真正安心；真正安心，才能理性思考问题；理性思考问题，才能正确做事，真正有所收获。可见，中国古代贤者并不是板着面孔教训人，而是平心静气地把道理讲得步步深入、非常透彻。

关于"止"，是《大学》里面一个重要的话题。书中认为只有"知止"才能做一个有品位、有人格的人，才能成为君子。所以这本书开宗明义，阐明"大学之道……在止于至善"。止于至善是什么意思？古人用词很凝练，这四个字其实分解开来是四个词：止——停止，于——在于，至——达到，善——完善。所以止于至善的意思就是：停止的目的在于达到最完善。这就是《大学》这本书的主题。为什么提倡"知止"呢？因为只有知道停止（明白什么不能做），把握分寸，才能达到完善。

"止于至善"这个词的词义应该非常清楚，但是经过朱熹一解释就不清楚了，因为和程颐一样，他也要把"天理"塞进儒家经典学说里面。那怎么能塞得进去呢？朱熹还是有办法的，这就是不顾古代字词的本义，也不顾竹简时代的用字精炼原则，他把"止于至善"分解成两个词，加以分别解释。他解释说"止于"就是"达到"，"至善"就是"完善"。止于至善，就是达到完善，而他又进一步说，达到完善就是达到天理。

那么知止的"止"应该是停止、把握分寸，这才是中庸的本义啊。朱熹说不是，而且说只有达到"天理"，才是《大学》本义。我们看完《大学》和《中庸》的全部，"把栏杆拍遍"，里面什么地方有让人达到"灭人欲"的"天理"的道理？不过，不管有没有，反正他需要，就强加给古人、强加给古书了。

朱熹把"止于至善"解释成达到"天理"，也就把中庸之道变成了实现灭人欲的"天理"的手段了。他们这样的解释，误导了许多代的文化人。朱熹虽然在宋代已经是知名学者，但是他在明代暴得大名并且跻身儒家著名代表人物的行列，主要是因其学说符合朱家王朝文化专制的需要，即以所谓"天理"

修正儒家"仁爱"和"中庸"的"贡献"。建议学习中华文化的人一定弄清楚这一点，不要再继续被误导，更没有理由将其视为所谓"大儒"。

这里一再说明程颐、朱熹对孔子学说的解释存在的问题，是因为这是弘扬中华传统文化绕不过的问题，不弄清这个问题就无法说清楚什么是优秀的中华文化，什么又是对中华文化的曲解。

4.8　执两用中

中庸是一种做人做事的方法，这种方法可以防止极端化，防止落入偏执，从而防止最坏的情况发生。

那么人的思考和行为怎样才能不走向极端，做到恰到好处，做到中庸？前面已经讲到，《中庸》给出了一个办法就是"执两用中"：了解和把握事物的两个极端，但不是取其一个极端，而是在它们之中或者它们之上作出适中的选择。这里讲的"中"，不是中间而是适中，也就是最适当。《中庸》中说："执其两端，用其中于民，其斯以为舜乎？"其意是，舜之所以成为舜帝，就是因为他能够认识和把握两个极端的问题，但是不走极端，而是找到一个适中的点来解决问题。当然，古人强调的中庸，并不只是用在管理方法上，还要求人们平常处理普通问题也要贯彻这一原则。

君子中庸

　　孔子一生讲学的一个重要目的，就是要让社会上更多的人都成为君子，而不要成为小人。他不厌其烦地启发和引导学生做君子，所以在一部《论语》里面，"君子"一词就出现了 107 次。那么怎么来做君子呢？孔伋（字子思，孔子的嫡孙）在《中庸》中，按照孔子的说法给出了一个标准：能不能做到中庸，就是君子和小人的一个重要区别（"君子中庸，小人反中庸"）。这个说法很符合孔子的主张。

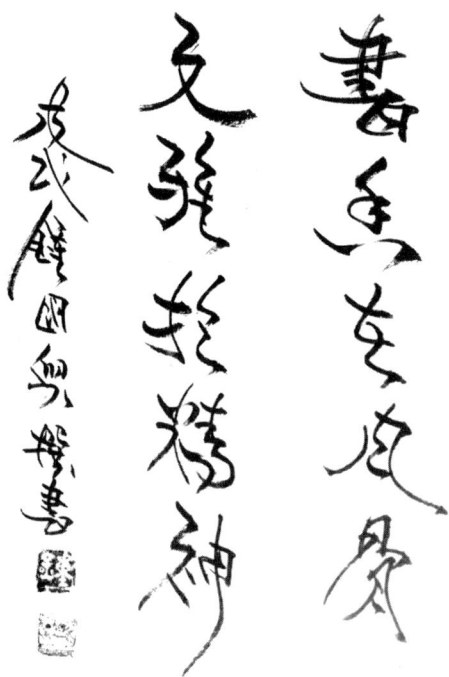

书香在风骨　文雅于精神

　　孔子认为，君子的一个重要特征就是行为有自己的限度，小人则没有顾忌和畏惧，做事没有分寸（"小人而无忌惮也"）。例如，孔子讲，君子和大家的关系周全而不拉帮结派（"周而不比"），与人平和相处但是保留自己的不同见解（"和而不同"），在别人面前处之泰然而没有骄矜之气（"泰而不骄"）。小人则正好相反：拉帮结派而不能和大家保持周全的关系（"比而不周"），喜欢附和别人意见又和别人闹矛盾（"同而不和"），经常趾高气扬而不能平静对人对事（"骄而不泰"）。孔子还列举了其他一系列君子和小人的区别，在此不一一赘述。

从历史和现实来看，君子和小人这些特征与区别确实都是存在的。一个人不管地位多高，不管多么成功，如果心理和行为还在小人的层次，是不可能走得久远的，只有创新基础上的中庸才是最好的可持续发展模式。中国改革开放40多年来，有多少人在大潮中大起大落，商人、领导干部和艺人、学者等，其中一些人就是败落在过度贪婪、狂妄，缺少底线、不知停止。唐太宗曾有言："天欲其亡，必令其狂。"西方也有名言："上帝要让你灭亡，首先让你疯狂。"东西方做人的基本道理是相通的。唯有持中守正，才能行稳致远。个人如此，一个团体乃至国家无不如此。邓小平曾强调中国在现代化过程中要坚持"不出头"和"韬光养晦"策略，体现的就是"知止"的中庸之道。偏离此道，就会引来许多不必要的麻烦甚至危险。

人能否做到"知止"，守住中庸之道，非常重要的一点就是具有自我管理意识和自我管理能力。孔子说：君子是在各个方面严格要求自己的，而小人是在各个方面严格要求别人的（"君子求诸己，小人求诸人"）。他提出要克制自己、修正自己，"修己以敬""修己以安人""修己以安百姓"，就是说修正自己使自己能够怀着恭敬心去做事，修正自己去善待他人；修正自己就要使天下所有的百姓都得到安宁和太平。这在《大学》中被概括为"修身、齐家、治国、平天下"。

修身 齐家 治国 平天下

自我管理的关键是"慎独"，也就是即使一个人独处，也能够审慎地管理自己的行为。只有做到慎独，才能称得上是君子，所以《中庸》说："君子慎其独也。"孔子的学生曾参对慎独的体会是要经常自我反省："吾日三省吾身。"从而不断提升修养，追求人格的完善。

没有内心的敬畏，缺少内心的底线，从而缺少独处的自我反思的意识和能力，是现代社会中出现大量道德堕落现象的一大原因。有学者认为只要提倡公民意识和公民道德就足够了，君子、小人的观念已经过时。其实，西方社会的道德也不是仅仅靠"公民"两个字就能解决的，也没有认为只要把人民叫作公民就一定道德高尚，重要的是他们把基督教的道德要求和反思忏悔与公民意识相结合，培养了人们的自律能力。中国的道德建设也应该和传统文化相结合，着力培养君子式的公民，而不是小人式的公民。

第 5 章

五行生克

5.0 五行和数字五

在中华文化中，有一系列和数字五有关的概念，如五行：金木水火土；五方：东西南北中；五运：金运、木运、水运、火运、土运；五味：苦辣酸甜咸；五常：仁义礼智信。

这些关于五的概念之间都有一种对应关系，这种对应关系的表述最初来自《黄帝内经》和《春秋繁露》。

五行说最早见于《尚书》，而且当时就把五行和五味对应起来。除上述对应关系之外，近代还有人在董仲舒将五行与儒家的五常对应的基础上，将金木水火土五种属性和佛家的五戒等相对应，如王凤仪说："我所讲的五性，是以木、火、土、金、水五个字代表来说的，和佛家的五戒、道家的五元、儒家的五常是一样的"。

仁义礼智信

　　这些对应关系看起来似乎并无道理，甚至许多人以为牵强。但是如果深入研究中医特别是沿着五性的方法研究人，就会发现上述许多内容之间不仅存在明显的对应关系，而且有其背后的道理。

事物属性五行对应表

五行	木	火	土	金	水
五脏	肝	心	脾	肺	肾
五官	目	舌	口	鼻	耳
五（形）体	筋	脉	肉	皮	骨
五（情）志	怒	喜	思	悲	恐
五声	呼	笑	歌	哭	呻
五神	魂	神	意	魄	志
五荣	爪	面色	唇	毛	发
五指	食	中	拇	无名	小
五液	泪	汗	涎	涕	唾
五化	生	长	化	收	藏
五风	风	暑	湿	燥	寒
五性	温	热	平	凉	寒
五色	青	赤	黄	白	黑
五味	酸	苦	甘	辛	咸
五谷	麦	黍	稷	稻	豆
五方	东	南	中	西	北
五形状	直	尖	方	薄	圆
五音	嘘	呵	呼	呬	吹
五律	角	徵	宫	商	羽
人之五性	木性	火性	土性	金性	水性
五常	仁	礼	信	义	智
五戒	杀	淫	妄	盗	酒

上述各种各样的"五"让人眼花缭乱，似乎难以把握，其实从方法上说，它们之中最重要的是金木水火土，它们是最为基本的。有了金木水火土五行，才有其他各个方面与之相对应

的关系。也就是说，是借用金木水火土之间的关系，来分析理解这些事物之间的关系的。

为什么金木水火土是五行呢?《易传》中说："天地之数各有五,五数相配，以合成金、木、水、火、土。"因为天上有金星、木星、水星、火星、土星，地上也有金木水火土五种自然要素，人每个手脚都有五指等等，所以五是天和地的数。五是天、地、人共同具有的基本数字，是一个体现在许多事物中的常数，所以古人很重视这个数字，并用它来分析事物。

行稳致远

如同现代数学家、物理学家寻找物理学和宇宙的常数一样，中国的古人从很早以前就一直在寻找天、地、人的常数。我们所说的中华文化密码，其实就是古人找到的这种常数。

5.1 五行之间的关系

五行之间的关系主要有两种：相生、相克。所谓相生，就是相互助长、相互促进；所谓相克，就是相互克制、相互抑制。五行相生的关系是：金生水，水生木，木生火，火生土，土生金；五行相克的关系是：金克木，木克土，土克水，水克火，火克金。

为什么五行之间存在这种相生相克的关系？隋代萧吉的《五行大义》解释了五行相生关系："木性温暖，火伏其中，钻灼而生，故木生火；火热焚木，木焚而成灰，灰即土也，故火生土；金居石依山，聚土成山，津润而生，山必长石，故土生金；销金亦为水，所以山石而从润，故金生水；水润木能出，故水生木。"相克的道理由此也可以得到推论。

当然，关于五行生克的关系，还有比较复杂的说法，就是"反克"之说：金生水，水盛反克金；水生木，木盛反制水；木生火，火盛反克木；火生土，土盛反克火；土生金，金反克土。这就像孩子为母亲所生所养，但是孩子多了或者孩子要求多了，母亲负担就重了，难以承受，这种情况也是一种"克"。

　　其实，中国关于五行关系的说法并不止生克之说，民间有一种罕见传承的五神术，是对五行关系的另一种原始而古朴的解读，如火不仅可以烧化金，而且可以烧掉木、蒸发掉水。这种五行观来自生活经验，而不是套入一种既定的模式之中。例如，用五神术占卜问财，如果金在水上，就认为是虚财，因为乍看金在水上，但终会沉底；如果金在土上或者木上，就是实财，因为金的下面有实的东西托着。五神术也讲金木水火土五行关系，却是用老百姓都能理解的它们之间最直观的关系来分析问题的。此处介绍的是五行关系的另外一种说法，说的是其思维方式，讲到占卜方法只是举例而已。虽然这并非主流的说法，但也是中华文化的组成部分。

5.2　五行在中医上的应用

　　五行说在中国古代运用范围之广泛，可以从本章第一节所列的五行对应表就看得出来，其实这一对应表还舍弃了若干对应项目。从对应表上看，五行说曾经运用于中医、风水、相学、农学、音乐、心理、伦理等多个领域。

　　在上述领域之中，至今仍然采用五行说为基本方法的应该首推中医。中医将人的五脏六腑和五行相对应。也就是五脏中肝对应木，而胆和肝"相表里"，也就是一个在前台工作，另一个在后台工作，所以胆也属木。同理，心、小肠对应火，脾、胃对应土，肺、大肠对应金，肾、膀胱对应水，并且用相生、相克、相乘、反侮、据纳等来解释其相互关系。

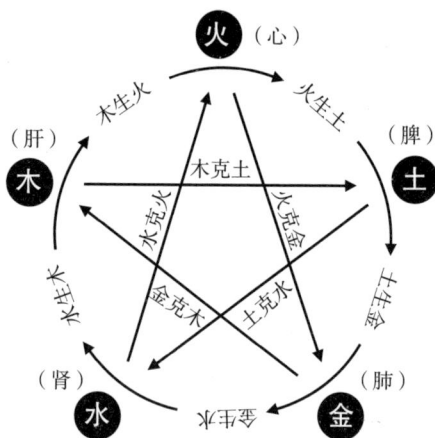

五行相生相克关系及其与五脏对应关系图

批评中医的人认为中医的阴阳五行理论不科学，严格地说，这样讲是没错的。因为中医在现代科学出现之前就存在了，它的理论是以同理假设为基础的，认为五脏六腑和金木水火土五行的属性相对应，对此我称之为"象性学"，象性学确实不是现代科学。但是不能因为不是现代科学就简单地加以否定。例如，阴阳之说所论的人体阴盛阳虚和阳盛阴虚之别，对于人身体状况的解释就是很有道理的。

金木水火土

　　科学说太阳是热核聚变，没有科学的时候人们说太阳是个大火球，你不能说把太阳说成大火球就是错的。对事物不是只有科学一种解释才是正确的，何况中医治疗效果在一些领域比西医更好。

事实上，在科学所不能解释的领域，象性学是可以有自己的作为的；而且在科学能够解释的领域，象性学仍然可以超越科学的局限，给出自己的合理解释。究竟什么是科学？科学是一种以实验为依据、以计算和逻辑推理为手段的认知方式。什么是科学态度？科学态度是承认还有许多问题是科学知识所不能解释的，而不是简单地用科学作为衡量一切的标准。如果以科学作为标准任意否定一切其他学说，就是打着科学名义的一种对科学的迷信，而对科学的迷信和任何迷信一样都是一种愚昧。

五脏和金木水火土直观看来并不是一回事，肺并不是金属，心也不是一把火，这是孩子都知道的事情，古人当然也知道。认为古人把肺理解成了金属、把心理解成了火，那是因为不理解传统文化而出现的严重误解。其实，五行对于中医来说，并不是把人的心肝肺脾肾真的就看作金木水火土五种物质，没有任何中医是这样认为的。在此，我们还是要特别强调中华文化是象性的，如果从象性上理解，而不是把五脏和金木水火土的实物简单对应，五行与五脏的关系就容易理解了。

中华文化认为世界上的事物大体上具有五种属性，这五种属性可以用金木水火土来表示。五脏六腑当然也在这五种属性之列，可以用金木水火土来表示其属性，所以五脏六腑和金木水火土之间并不是元素的相同，也不是组成形式的同构，而是属性相似。这就是《尚书·洪范》的解释："水曰润下，火曰炎上，木曰曲直，金曰从革，土曰稼穑。"也就是说，水的性是滋润和往下流，其实肾脏系统就是起这样的作用；火的性是向上提供能量，其实心脏供血系统就是这样，给身体特别是大脑提供血液和氧气；木的性是能曲能直、疏通调和，其实肝脏系统就是这样，疏导脾胃功能和人的情绪；金的性是可以使用（从）和改变（革），其实肺就是这样，用来呼吸和为身体变化提供气力；土的性是种植和收获，其实脾胃就是这样，以食物为生命提供营养和活力。

因为许多人根本没有弄清楚这些道理，所以把传统文化批判为一文不值的垃圾，甚至让古代许多先贤为之蒙冤，这是今人对待传统文化存在的一大问题。

5.3　五性人

象性文化强调的是性的相似。正如前面所说，这种象性文化如果以现代科学为唯一标准，肯定没法得到承认。但是恰恰是这种被认为没有道理的东西，对事物的解释有其意想不到而又恰如其分的效果，这正是其魅力所在。五行说在人的面相和心理分析中的应用就是如此。

慧眼识人

在《黄帝内经》的《灵枢》篇中，就把人按照形声色区分为金木水火土五种类型。后来《管子》一书的《心术》篇中对此有明确的发挥，到了明末清初又有人把它进一步发展和细化（如王凤仪），从而形成了五性人学说。这一学说分别根据外形、声音、脸色来区分金木水火土五种类型的人，并且按照阴阳两个方面，指出每一种人的性格、心理特点。

金木水火土的表述，现代人总觉得含有迷信或者低级的成分，这是长期以来对其不理解的观念使然。为了避免这种误解、适合现代人理解，笔者将这五种类型的人分别叫作：直木型、热火型、厚土型、锐金型、柔水型。使用这种名称，是突出了心理学的色彩，淡化了五行的神秘色彩，就比较容易让人接受了。

（1）直木型

古人称之为"木性人"。

长相：脸形长瘦并且有骨感，头型上宽下窄，身材细高，肩背竿直。

形态：走路脚步重声音大，外表气宇轩昂。

脸色：偏青色，生气时面带凶气，脸色发青。

声音：齿音较重（如"是"的音是从齿缝发出的），语音直而且短，说话不委婉、不拉长音。

正面的直木型：仁慈讲道德，正直而且有主意，敢做敢当，好保护生物，反对杀生，比较有公心，处理问题秉公而不重私利私情，说话心口如一。遇到事情不盲从，有自己的定见。处理事情不谄媚、不逢迎、不畏强势。行为比较端正，也能够忍辱负重。

负面的直木型：性情粗暴，容易发怒，说话好顶撞人；经常脸色阴沉，板着脸，没有笑容；过度认真，好计较小事、认死理，偏激执拗，因而容易因小失大，也会不顾常理、不顾人情；内心自负，高傲自大，别人不容易接近，不容易沟通；不服别人，好毁谤人，好挖别人隐私、翻旧账；在家好顶撞父母，在单位好抗上，不服输，不爱接受意见；做事不许人反驳，心量窄小，因此很难成事。这种人会有比较多的磨难，自己经常觉得不顺心，所以总是怒气填胸，行为不正常。

疾病：容易患肝胆病，并且影响消化系统，因此大多较瘦。这和过度认真、认死理有关。

（2）热火型

古人称之为"火性人"。

长相：脸形上尖中宽下窄，类似枣核形。也有的脸形上尖而中下宽。这类人大多体态丰满，一般毛发较为稀疏。

形态：外表比较有活力，走路摇摆，行动急速。

脸色：偏红色，生气时容易面红耳赤。

声音：舌音重（俗话叫作"贱舌子"），说话声音尖，有时有破声（尤其是音高的时候）。

正面的热火型：光明磊落，通情达理，重视礼节，做事有分寸，举止大方，做事考虑周到，有远见，能很好地适应变化。

负面的热火型：性格急躁，做事心急火燎；贪财贪名，喜欢虚荣，说话做事都好夸张；在人群里好拔尖儿，好表现，争风吃醋；唯恐人不知道，咋咋呼呼，喜欢用大声喧哗引人注意；好争道理，吹毛求疵，得理不饶人；欺负老实人，喜欢奉承人，搬弄是非。做事虎头蛇尾，毛手毛脚，行为过失多，屡改屡犯。

疾病：易患血液系统病，如高血压、冠心病等。这和性子急有关。

（3）厚土型

古人称之为"土性人"。

长相：面部肌肉丰厚，脸形大多是方形或方圆形，背部肉厚隆起，腰粗，唇厚，手背厚。也有的上述各种"厚"并不太明显，只是略厚于常人。

形态：行动较慢，沉稳安静，不爱动。

脸色：偏黄，生气时面色发黄。

声音：鼻音重，音域宽阔浑厚，说话较慢。

正面的厚土型：讲信用，为人诚实，待人忠厚，淳朴稳重；安分守己，宽宏大量，能容人容事，不计较小事；为他人着想，做事尽职尽责，不争不贪；对别人尊重，和人相处不拔尖儿，总是把自己放得较低；不重个人享乐，工作勤恳，作风朴素；话不太多，言行一致，和人交往长久。

负面的厚土型：固执呆板，思想简单，蠢笨蛮横；心量很小，遇事不开通，不明事理；寡言少语，好生怨气；疑心特大，无中生有，以假当真，容易上当受骗。也有的为让人看得起，编造谎言，拉大旗作虎皮。

疾病：容易得脾胃病，肥胖。这和生闷气、爱窝火有关。

（4）锐金型

古人称之为"金性人"。

长相：脸形长方，颧骨稍有些高，嘴唇较薄，牙齿尖利，身段苗条，眉清目秀。

形态：举止轻盈灵活，一般比较活泼好动，行动快速利落。

脸色：脸色偏白，生气时面色苍白。

声音：唇音，因嘴皮薄说话声音响亮，口齿清晰，语速较快。

正面的锐金型：性格坦诚明快，活泼开朗；善于交际，善于沟通和表达；善于辨明是非，决策果断；做事敏捷迅速，敢做敢当，不拖泥带水；豪爽重义气，爱帮助人，见义勇为，不避危难；勇于承认自己的过错，善于取人之长，知过必改。

负面的锐金型：好弄虚作假，好分辨是非，喜欢变化折腾；用假话、好话应付人，对人谄媚逢迎；对人无端猜疑，以小人之心度君子之腹，好冷笑。容易激动，好吵架打架，易激情犯罪。更为严重的，表现为残忍嫉妒，巧言令色，甚至笑里藏刀，铤而走险；嫉恨别人的成功，喜欢听到别人的坏事，好说别人短处，对人刻薄；有了权力，就能做出盲目武断、专横跋扈甚至极端残暴的事情来。

疾病：容易得呼吸系统疾病。这和锐金型人容易气急有关。

（5）柔水型

古人称之为"水性人"。

长相：一般脸上肉较多，下巴稍宽，眉毛粗重，眼睛较大，轮廓清楚。

形态：行动比较迟缓，对人态度和蔼温顺，大多比较安静。

脸色：一般稍微偏黑，生气时，脸色发暗。

声音：喉音重，说话声音慢而低。

正面的柔水型：性情柔和，沉稳、文雅、安静，有涵养，能随遇而安；和人打交道活泼自然，不过分，能为别人设身处地，能顺从别人，不强人所难；与人平和相处，在人群里不爱拔尖儿，不争不贪。

负面的柔水型：不明事理，遇事经常想不通，容易心烦郁闷，生活邋遢；弄不清楚是非，耳根软，不坚持原则，缺少独立性，多忧多虑，优柔寡断，遇事退缩；缺少自律，做事拖拉、有头无尾，容易自卑自弃。事情过后反复想，放不下，容易后悔，好变主意，做错事好诿过于人，对人好抱屈，爱生回头气。

疾病：容易得肾病和泌尿系统疾病。这和遇事想不通、爱生回头气有关。

上述关于五种类型的人的描述，基本以王凤仪的分析为依据，并参照社会上研究王凤仪的书籍内容（参见《五张脸谱》，自在女著）。基本内容来自有关书籍，本书只是在分类名称上做了新的概括和一些新的阐述。

按照金木水火土分析方法，把人分为五种类型，一般初次接触它总是感觉似乎缺乏根据，但是当你把这些形、态、色、声以及性格特点和周边的人对号入座时，发现其实准确率很高。

为什么会有这么高的准确率？因为人的心理和长相确实是互相塑造的。当你有某种心理的时候，必然会有某种表情，而这种心理长期保持之后，表情必然固化甚至遗传下来。特别是当这种心理和表情通过遗传固定下来后，就成为某类人的长相特征。因此依据心理和表情一致性的道理来看，这五种类型人的说法是有依据的。

见贤思齐

国内外关于人的类型有各种各样的划分方法，有的只是按照出生时间来划分，如八字、星座、称骨算命法等，这些都缺乏直接现实的根据；有的按照面相、骨相对人进行区分，去判断人的善恶或命运等，方法不够简洁系统，也缺少逻辑说服力；有的（如九型人格）按照心理本身去区分心理，没有生理因素作参照，加之分类过多，因而难以把握。

比较各种方法，按照金木水火土方法对人的划分具有如下优点：第一，以人的形、态、色、声为依据，区分人的类型，有比较直接的参考标准，易于把握；第二，把金木水火土的属性和人的形、色、声来直接对应，直观而明确，无含混不清或虚无缥缈的问题；第三，各类人的心理、性格，可以从对应木火水金土的特性中得到理解，如木的内软外硬、火的急躁张扬、土的包容踏实、金的尖锐明快、水的柔和顺从等等，也可以在现实中得到直接检验。

5.4　中华的有机系统论

现代的系统论出自西方，它把事物看作各种要素之间的功能性的组合，具有整体性、关联性，而层次结构性、动态平衡性、时间顺序性等也是系统的基本特征。系统论是 20 世纪以来西方的主流方法，这种方法大大地补充了西方线性思维的不足。

中华文化自古倡导的就是系统思维，这种系统思维体现在三才、四象、六爻、八卦等方法上，其中五行方法最为典型。五行方法是用金木水火土之间的生克来表达不同要素之间的功能性制约关系，表示它们之间的动态平衡。系统论讲输入输出，五行讲生克；系统论讲反馈负反馈，五行讲亢乘、反侮，都有其相似之处。因此，我们可以称中国的这种方法为五行系统论。

五行无常胜　四时无常位

　　不过，中国的这种五行系统论和现代系统论相比，有其优势也有其不足。中国的五行系统论，在分析某些相对稳定的、具有循环性的系统，如生命系统、季节变化等方面，确有其优势，这是中国的中医和农家的实践已证明了的。但是从另外一个方面说，这种优势也主要集中于相对稳定的、具有循环性的某些系统，因为其模式的要素比较固定。但是如果用于其他开放性的复杂系统，这种方法就不够了。所以五行系统论无法运用于对现代社会各种问题的广泛分析中。

五行系统论无法运用于更多的开放性复杂系统，不等于它在现代社会中不再具有任何价值。正如有了现代生产线，手工艺仍然有其价值一样。例如，对于人的五种类型的分析，不仅在分析模式上是一种贡献，而且也确实有其独到的实用价值，并不是西方现代心理学就可以替代的。

5.5 五可概括天下

数字五在中华文化中往往表示"全"，这可能和人的手脚都有五个指头有关，更与五行说的影响有关。中国的山有五岳：东岳泰山，位于山东省泰安市；西岳华山，位于陕西省华阴市；南岳衡山，位于湖南省长沙市以南的衡山县；北岳恒山，位于山西省浑源县；中岳嵩山，位于河南省登封市。五岳和五行是对应的，是五行和山神崇拜、帝王巡猎封禅相结合的产物，五岳是中国大地山的五方代表。

在中华文化中，三和五都属于阳数，它们经常被一起连用。之所以这样使用，是因为三才——天地人，加上五行——金木水火土，可以概括世界上（阳世间）的万事万物，一切事物都在三五之道中，无所不包、无出其外。所以就有这样一些词语：三皇五帝、三纲五常、三山五岳、三令五申、三番五次、三年五载等。

三山五岳

当然，中国的词语中也有五和四连用的，如四书五经、五湖四海等，但是这种情况相对较少。

5.6 位序关系

中华文化将五行与五方、五味、五色、五音、五官、五性等相对应，目的并不是简单地比附，而是分析其内在关系的类似性，提醒人们重视其位序，从而实现各种事物（如五方的东西南北中）之间的相互协调。因此实现整体协调才是其目的。

实现协调的前提是重视位序。在中国的传统风水观中，东西南北中都和五行相对应，各有属性。在它们的位序中，居中的位置很重要，因此阴阳宅最好在风水整体环境中居于中位（但不一定是正中），而且前后左右都要有相应的景物配合，即协调左青龙右白虎、前朱雀后玄武的关系，所谓前有望、后有靠，左右能环抱，这样才是比较好的宝地。这样的说法不能完全被理解为迷信，其中也有环境资源配置的道理。

在工作环境中，一个单位的主要领导事实上就是居于中位的，因此领导者要胸中有四面八方，理解处在每个位置上的人，看到每个位置上的人的优点和不足，协调处于各种位置的人之间的关系，这也是五行理论所要求的。

地势坤 君子以厚德载物

我们国家为什么叫作中国？因为先人认为我们居于大地的中间位置，这也就是五行之中土所处的位置。对这个位置的解读，《易经》中有一句卦辞"地势坤，君子以厚德载物"。既然在中心位置，那么我们就要有中心的胸怀，做到厚德载物。而要做到这一点，就要宽厚持重、包容开放，而不是强求出头，锋芒毕露。符合坤卦的要求，才是中国的定位。在这一点上，大唐早就做到了，因为自身稳定富足，再加包容开放，引得八方来朝，一片宏大辉煌气象。从历史上看，开放就会兴盛，包容就会发展。相反，一旦中国封闭且狂妄自大，那么就必定会走向没落，因为我们没有处于偏安一隅的位置和条件。

中华文化并不就是汉文化，纯粹的汉文化其实早就不复存在了。因为历史上这片土地上各民族不断交流、融合，很难分清哪些是真正的汉族文化。中华文化是开放的，我们的先人总是以一种居于中位、包容四方、汲取多种营养的心态来对待各种文化，总体上说，不排斥任何民族、不排斥任何宗教、不排斥任何语言、不排斥任何民族的习俗，反对偏执。正因为包容，所以中华文化一直没有被外来文化冲垮，没有中断，反而各种文化都成为滋润中华文化的营养。

求同存异是中华文化的重要特点，这一特点也体现在五行说上。例如，古代中国人很重视出生年月日时的"八字"中的金木水火土是否齐全，认为如果齐全才好，而如果哪一项过多或者缺失就不好，就会影响运势，发展会出现坎坷。且不管

"八字"是否真的能影响人的运势，不仅求同存异，而且不同的因素还要齐全，并且要实现互相协调配合，这是中国人秉承的思维观念。那种对于不同的东西盲目地、简单地排斥，追求纯而又纯的"清一色"的做法，不但与中华文化思维格格不入，而且对中华文化有一种从根本上的摧毁作用。这种思维对文化传承的破坏，是任何外在力量都无法比拟的，我们也千万不要把这种观念当作中华文化的一部分。

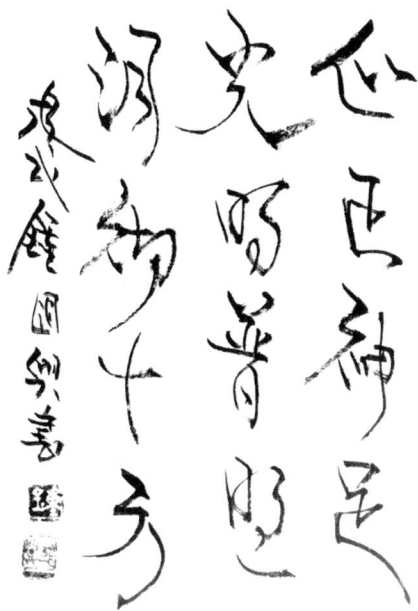

心正神足　光明普照　洞彻十方

第 6 章

六步预见

6.0 《易经》中的六爻

《易经》六十四卦中的每一卦都是由六爻组成的，而六爻都是由阴爻 –– 和阳爻—这两种组成的。也就是说，阴爻和阳爻是两个基本符号，每三个爻组成一个卦，于是共有八卦：乾卦、兑卦、坤卦、离卦、震卦、坎卦、巽卦、艮卦。然后由每两个卦组成六十四个复合卦，因此每个复合卦都是由六爻组成的。

6.1 六爻的卦例

每一卦的六爻组合在预测事物发展中意味着什么？这个问题大多数人答不上来。对于相当多的人来说，六爻只不过是算命先生用以对于命运进行解释的神秘符号而已。其实，要知道六爻在事物发展中意味着什么，只要拿出来一卦进行分析就可以了，例如乾卦。

乾　卦：

元亨利贞

—— 亢龙有悔

—— 飞龙在天，利见大人

—— 或跃在渊，无咎

—— 君子终日乾乾，夕惕若厉，无咎

—— 见龙在田，利见大人

—— 潜龙，勿用

乾卦的乾就是指天，乾卦的六爻都是阳爻。《易经》中指出这一卦象是："天行健，君子以自强不息。"其意是：天道运行刚劲雄健，君子应该像天那样，自觉奋发向上，永不松懈。然后《易经》对这一卦给出了卦辞，也就是进行了文字解释："元亨利贞。"用现代语言解释就是：有个势头很好的开端，通达顺利，正气很足。

乾卦这六爻是什么意思？这要从最下面一爻往上一个一个地看，因为最下面一爻是第一爻，是最基础的。此卦以龙做比喻，每一爻的卦辞分别是这样。

天行健 君子以自强不息

第一爻："潜龙，勿用。"就是说，龙还潜藏在水里，机会不到的时候不能轻易有动作，要安稳，不要轻举妄动。

第二爻："见龙在田，利见大人"。龙出现在田间，刚刚崭露头角，比喻人摆脱了压抑的处境，事业上脱颖而出。"利见大人"，指适合有道德、有能力的人出现（"见"字古代同"现"），或者说适合拜见有道德的高人。

第三爻："君子终日乾乾，夕惕若厉，无咎。"君子整天振作精神，想着有作为，夜里要小心警惕和防范风险，就不会有灾难和过失。

第四爻："或跃在渊，无咎。"在发展过程中，遇到问题也可以选择退到原处，像龙重新跳进水里来观察动静，就会避开风险。

第五爻："飞龙在天，利见大人。"龙腾飞在天上，比喻有道德、有才能的人迎来了大展宏图的机会。"利见大人"，也有的解释为适合有道德的高人来出场帮助。

第六爻："亢龙有悔。"龙飞得过高了，势头过猛，不能把握度，过犹不及，那么就会追悔。

这六爻是循序而进的，是龙从潜藏到腾飞的过程，也是人事业发展的过程。

6.2　做事要看到六步

乾卦六爻讲的是什么？是以龙做譬喻，讲的是人做事的过程，从一开始处于不利地位，刚刚考虑做事，到进一步发展，一直到成功之后如何把握度。实际上讲的是做事的六步或者六个层次，每一步会出现什么情况，应该怎样做。这就是乾卦要告诉人们的。

其实岂止是乾卦，六十四卦讲的都是人遇到不同问题的时候，怎样来预见可能发生的情况，不但要想到下一步，而且要看出六步。每一卦的每一爻，就是做事情应该预见的一步。

有人说，下棋能看出三步才是高人。其实这在中华文化中并不算是高人，高人是应该看出六步，看到一件事情的整个发展过程的几个基本环节及其影响因素，而且高人并不只是对一类事情看出六步，而是对于各种各样的可能都要看到，能够预见其变化和转折。六十四卦就是人做各种事情会遇到的六十四种类型的情况，或者说六十四种模型。《易经》给人的是看到问题的六十四种类型，每种类型有六种变化，总共三百八十四种情况，从而让人主动应对问题的智慧。

居高视远

从一开始就预见事情发展的全过程，把握一件事物从生发到结束的几个基本环节，针对其可能出现的变化提前应对，这是《易经》哲学的精髓。因此《易经》教给人们的是一种大局思维、战略思维、机遇思维，让人认识和把握大局与战略的变化规律，并不是一种靠乞灵于神祇暗示来决定行动的技巧。我们的祖先确实曾经很重视得到神灵的启示，但是将这种启示总结为《易经》，就是要在这种启示之下来升华人们把握大局、大势，把控发展过程和节奏的智慧。

6.3 六气与经络循行

五运六气是中医理论的重要概念，是中医里进行健康预测和疾病治疗的一种重要理论。我们一般所说的"运气"，就是五运六气的简称。当我们说"运气好"还是"运气差"的时候，往往并不知道它来自《黄帝内经》。

所谓五运，就是以木火土金水五行之气的运行变化，说明宇宙天体、自然气候、物候与人体疾病的相关变化规律。所谓六气，就是风、寒、暑、湿、燥、火，是六种不同的天气变化特征，是天体运行中人所感受到的六种自然现象。

那么五运六气是怎样影响人健康的呢？为了说明这个问题，《黄帝内经》又把一年的时间分成六个时段，一天的时间也分为六个时段，这就是太阳、少阳、阳明，太阴、少阴、厥阴。

前面已经讲到过，古人把阴阳分为四种情况：少阳、老阳和少阴、老阴。我们千万不要把这里的四个概念和《黄帝内经》中的这六种分法混为一谈。两种说法尽管都使用"少阴""少阳"概念，但所指大不相同。而且"老阴""老阳"和"太阴""太阳"所指更是差别巨大，不可同日而语。《黄帝内经》在论述三阳三阴的时候是这样讲的："太阳为开，阳明为阖，少阳为枢。"也就是说，太阳是阳的开始阶段，阳明是阳的关闭，也就是趋于结束的阶段，少阳是阳的中枢，也就是最旺盛的阶段。对于太阴的理解也是同样的道理，《黄帝内经》讲"太阴为开，厥阴为阖，少阴为枢"，太阴也是阴的开始阶段，厥阴是阴的关闭，也就是趋于结束的阶段，少阴是阴的中枢阶段，也就是最旺盛的阶段。

值得注意的是，这里太阳的"太"，并不是当作现代汉语中的"最"来讲，而是初始的意思。所以《黄帝内经》说"太阳根起于至阴"，太阳是从阴到极点产生的，所以"名曰阴中之阳"；反过来"太阴根起于隐白"，太阴产生于阳的尽头，所以"名曰阳中之阴"。

三阴三阳是古天文历法的内容，古代六爻历把一天分为三阴三阳，也就是六时。三阳主昼，三阴主夜："太阳为初始之阳，生于日出，少阳为最盛之阳，应于日中，阳明为末了之阳，终于日入；太阴为初始之阴，生于合夜，少阴为最盛之阴，应于夜半，厥阴为末了之阴，终于平旦。"同样的道理，把一年分为三阴三阳，也就是六节，则太阳始于春分，少阳应于夏至，阳明止于秋分，太阴始于秋分，少阴应于冬至，厥阴止于春分。这是古人的解释。

古人已经把什么是"太阴""太阳"等问题说得很明确了。但在现代有的著作或文章甚至中医书籍中，称太阴为"阴中之阴"，也就是阴的程度最高，并以为这种观点出自《黄帝内经》，其实是错讹的传导和解读。例如，《黄帝内经》讲到脾经和肾经说"阴中之至阴，脾也"，并说"阴中之太阴，肾也"，是把阴的程度最高的"至阴"和阴的初始阶段的"太阴"作了明确的区分，并没有混而用之。这里的"太"字，根本没有极点、极致的意思。

只要认真研究《黄帝内经》，对于三阴三阳，做到正确解读是没有问题的。但是恰恰有人著书立说，把"太"当作"最"来理解，把太阳当作阳气最旺盛的阶段，把太阴当作阴气最旺盛的阶段，这种理解一开始就已经是谬以千里了。把基本概念理解错，对于医学来说是一件可怕的事情，这个问题绝对不可小觑。

中国的古人真的是太善于系统思维了，他们根据阴阳的变化循行规律，又把十二经络和三阴三阳相对应，按照经络循行路线，分为手三阴手三阳、足三阴足三阳，也就是：手太阴肺经、手厥阴心包经、手少阴心经，手太阳小肠经、少阳三焦经、手阳明大肠经；足太阴脾经、足厥阴肝经、足少阴肾经，足太阳膀胱经、足少阳胆经、足阳明胃经。

在把经络分为三阴三阳的基础上，古人又把这些和气候变化相联系，分析风寒燥暑湿火六种邪气的强弱变化，在不同季节和时间段对人身体的影响，并且进一步分析某类病症是从哪条经络侵入人体，然后转移和驻留在哪条经络，病情是如何加重的，应该如何进行对治。张仲景的《伤寒论》就是这样一部秉持天人合一理念、采用中华式系统分析方法来研究病理和治疗方法的著作。

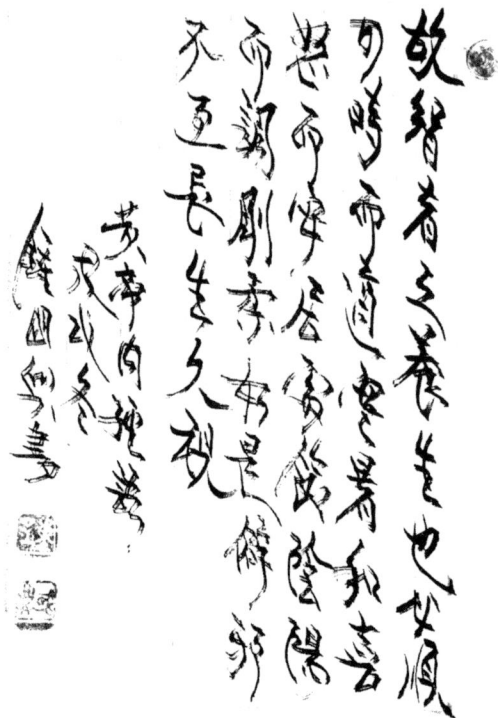

故智者之养生也 必顺四时而适寒暑 和喜怒而安居处
节阴阳而调刚柔 如是 僻邪不至 长生久视

弄清五运六气学说，才知道中国古典医学有其精致而系统的方法和理论，绝不是一些人所断言的如何简陋、荒唐。其实这样的断言完全是基于对中医的无知。在中医看来，人体的小宇宙在天地之中，无时无刻不受大宇宙、诸多层次的诸多因素的影响，就如同女人的月经受月球公转的影响一样。所以《黄帝内经·素》中说："不知年之所加，气之盛衰，虚实之所起，不可以为工矣。"也就是说，不知道时间的变化、气的盛衰变化，疾病虚实的缘起，是不可以当医生的。《黄帝内经》中还讲到，人的养生要把自己和宇宙、环境的变化关联弄清楚，并协调自己和它们的关系："故智者之养生也，必顺四时而适寒暑，和喜怒而安居处，节阴阳而调刚柔。如是则僻邪不至，长生久视。"它告诉我们：明智之人的养生方法，必定是顺应四季的时令，以适应气候的寒暑变化；控制过于喜怒的情绪变化，并能良好地适应周围的环境；节制阴阳的偏强偏弱，并且调和刚柔使之相济。如果能这样，就能使病邪无从侵入，从而延长生命，不易衰老。这些都是医学和养生上的至理名言。

6.4　六合即多方协调整合

前面已经讲到四合，其实在四合基础上中华文化还强调六合。六合是和合的一个重要概念，也在多种意义上使用。其一，六合是指方位之合，东西南北四方加上下（天地），泛指天下宇宙，六方和合。李白《古风》诗有："秦王扫六合，虎视何雄哉！"就是在这种意义上用的。其二，六合指时间之合，古代阴阳家以年月日时十二地支，选择吉日良时或预测时，考虑月和日之间是"合"还是"冲"，合为协调，是有利的，冲为不协调，是不利的。时间上的六合则指子与丑合，寅与亥合，卯与戌合，辰与酉合，巳与申合，午与未合。这称作十二地支之间的六合。此外，还有经络六合、生肖六合以及武术六合等，大体都是由上述六合衍生出来的。

中华文化强调和合，其意一在协调，二在整合。因为仅仅有协调而没有整合，并不能成为一个整体。那么如何才能协调成为一个整体，首先是实现不同事物之间的协调配合，协调配合之后才能整合。

在中华文化强调的诸多"合"之中，一个重要概念是"天人合一"，这是合的高境界。前面已讲到，中华文化中的天，并不就是布满空气和星斗的物质苍穹，而是背后存在许多难以解释的神秘东西的冥冥之中的天。因此，天人合一其实有三个层面的含义：其一，天和人本来就是合一的，两者之间存在某种感应，人做坏事到极端就会受到天的报应，做好事到了极致也会引起天的反应等；其二，人应该追求的一种境界，这种境界是通过入静冥想直至至诚忘我，而达到和冥冥之中的天人相通甚至了悟一切的状态；其三，因为达到与天相通的状态，因此可以实现和天的要求相符合并且与之良性互动。

其实，天人合一并不是两者互相合在一起，而是人顺从天的道。对此《易经》中有所论述："夫大人者，与天地合其德，与日月合其明，与四时合其序，与鬼神合其吉凶。先天而天弗违，后天而奉天时。"这段话的意思翻译过来大体是：真正的高人，做事情要和天地的功德相契合，和日月的光明相契合，和春、夏、秋、冬四时的时序相契合，和鬼神的吉凶动向相契合。只有这样，事情做在天时前面的时候，才不会和天的意志相违背；做在天时后面的时候，才能主动地奉行天的法则。这就是古人所说的"顺天行道"。

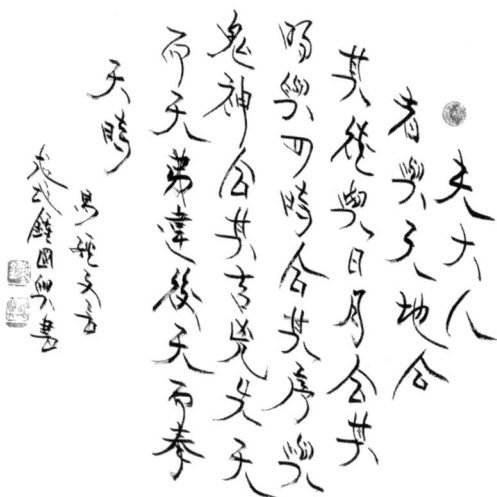

夫大人者 与天地合其德 与日月合其明 与四时合其序
与鬼神合其吉凶 先天而天弗违 后天而奉天时

第 7 章

七是天的数

7.0 七星之光

天上星星朝北斗，说的是天上的星星以北斗星为中心，我们看到的景象是：离它越近密度越大，越远越稀疏。北斗星在中国人心目中很神圣，是众星之首。人们夜晚用它来定位方向。北斗星共七颗。但是中国人重视七这个数字，并不仅仅是因为北斗星，更重要的是因为七曜。

七曜是什么？是七种照耀人间的光明之源，古人称七曜主掌世界光明，因此也被称为"七政"。所谓"七政"，就是七个管世界的主宰。具体来说，七曜指日（太阳）、月（太阴）加上金（太白）、木（岁星）、水（辰星）、火（荧惑）、土（镇星）五大行星。这七曜其实我们上面已经讲到了，它们被简称为"阴阳"，还有金木水火土。所以，阴阳和金木水火土的观念都是从古代天文学来的，是从日月和五大行星而来的，或者说天上是一个重要来源。

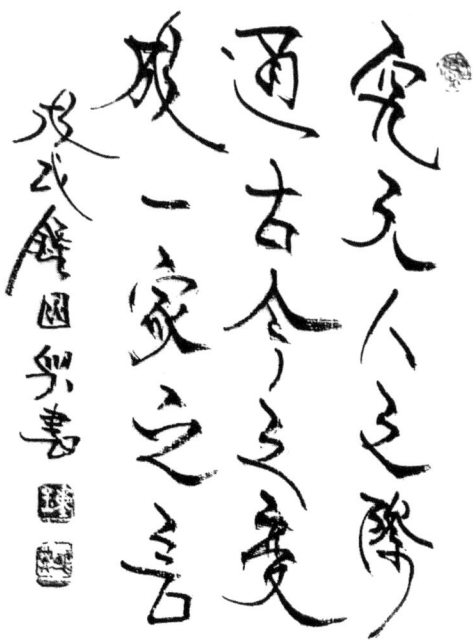

究天人之际 通古今之变 成一家之言

《易传》说："天垂象，见（现）吉凶，圣人象之。"天垂象就是上天通过自然变化的方式示人以征象，用大自然的语言和我们说话，告诉我们会出现什么样的吉凶，让我们见微知著。有智慧的圣人理解天意，用形象化、象征性的方式方法把它表达出来。那么上天是通过什么来垂象的呢？主要是通过七曜来显示的："此日月五星，有吉凶之象，因其变动为占。七者各自异政，故为七政。得失由政，故称政也。"日月和金木水火土五星，可以用象征的方式显示吉凶的变化，所以要根据它们的变化来占卜。七星各自管不同的范围，也就是上天的七个主管，得失吉凶都由它们管，所以把它们叫作"政"。

从古人把日月和五星叫作"七政"来看，可以知道传统文化对它们的重视程度。

我们学习传统文化，不要纠结于七曜是否主宰世界、示人吉凶，而是要关注古人是如何把人的生命以及社会问题的变化，放到整个宇宙大系统中来看待。事实上，中国地处北半球，深受大陆性季风气候影响，尤其是厄尔尼诺、拉尼娜气候现象引起的洪涝、虫灾、瘟疫，等等。而这些气候变化又和宇宙星球运行等因素有很大关系。因此，这种大系统思维方法，对我们今天还是有很大启示的。

7.1 七天一个周期

以七天为一个星期，人们往往以为这个规矩的唯一来源是西方文化。其实，中华文化也有七天一个周期的说法，《易经》复卦中就讲"反复其道，七日来复，利有攸往"。其意是天体运行，在轨道上不断循环，周而复始，七天一个反复，可以抓住其有利的机会去做事情。这里的七天之数是和七曜相对应的。在中华文化看来，七是天的主宰之数，也是周而复始的循环节奏。

反复其道　七日来复　利有攸往

　　七天一个周期，这一观念在古代中华文化中多有体现，包括文化同根的朝鲜、日本等也都持这种观念。所谓星期，就是七星轮值的周期，旧时中国用日月火水木金土来称一个星期的时间循环：日曜日是星期天，月曜日是星期一，火曜日是星期二，水曜日是星期三，木曜日是星期四，金曜日是星期五，土曜日是星期六。至今日本语仍然沿用这种表达方式，许多人不知道这其实是从中国古代文化来的。

今天人们只知道数字的星期一、星期二等，并不知道它和日月以及火水木金土五大行星之间的联系，不知道其中有中华文化方法论的内涵。如今我们用简单的数字代替了星期的内涵。

7.2 生命和万物的节奏

当我们在夏日雨后仰望天空彩虹的时候，会因其美丽而赏心悦目。因为它是由七种色彩组成的。七种色彩，是光的谱系。当我们聆听音乐的时候，会为它的美妙而陶醉，它是由七种音符组合而成的。当我们朗诵古诗的时候，会感受到七言古诗最富魅力，诗如果多于七言，你可能会觉得字数冗长而拖沓，而少于七言又会觉得字数过少而缺少内涵和节奏，七言往往最能恰到好处，令其美不胜收。尽管少于七言或者多余七言也有绝妙的好诗，但是七言诗中脍炙人口的最多。可以说，世界上的美妙往往紧紧地和数字七天然地联系在一起。

宋代曾慥编集的《道枢》用七的节奏来解释人的魂魄聚散："复卦曰：七日来复。其见天地之心，是以人生四十九日而七魄全，其死则四十九日而七魄绝，此来复之数、阴阳之极也。"意思是说人生下来七七四十九天才会长成七魄俱全，死后也要经过七七四十九天七魄才会消散。这个说法当然无法证实，但是七七四十九天被视为人的灵魂之数，道家是非常重视的。

七是人生命孕育的节奏。母亲怀孕时，胎儿在腹中也是七天一个变化，经历三十八个七天，发育成形而诞生于世。

七是女人生命的节奏。中国的医家很重视七这个数字，《黄帝内经》认为，女子的生理变化过程以七年为一个阶段："女子七岁，肾气盛，齿更发长。二七而天癸至，任脉通，太冲脉盛，月事以时下，故有子。三七肾气平均，故真牙生而长极。四七，筋骨坚，发长极，身体盛壮。五七，阳明脉衰，面始焦，发始坠。六七，三阳脉衰于上，面皆焦，发始白。七七，任脉虚，太冲脉衰少，天癸竭，地道不通，故形坏而无子也。"这段话是说：女子第一个"七"——七岁的时候，肾气开始旺盛，生长发育开始出现显著变化，如女孩比男孩先换乳牙，头发茂盛起来；第二个"七"——十四岁月经来潮，任脉通了，太冲脉旺盛，月经按照周期来去，能够生孩子了；第三个"七"——二十一岁，肾气充足并且遍布身体，所以智齿生出并且完成；第四个"七"——二十八岁，筋强骨坚，头发长到了最佳状态，身体强壮；第五个"七"，阳明脉开始衰弱，胃肠功能开始衰退，所以脸上的皮肤发干，头发也容易脱落；第六个"七"——四十二岁，三个阳经的脉都转向衰弱，整个脸上皮肤发干，头发开始变白；第七个"七"——四十九岁，进入更年期阶段，任脉变虚，月经停止，阴道变得干涩，所以形象面色都变得难看，没有生育能力了。中医还有七情之说，把人的情绪、情感变化种类分为七个方面：喜怒忧悲思恐惊。

七是人生命与外界相接通之数，而且人生而有七窍，用以和外界进行能量与信息传递。

在道家眼中，七是一个重要的阳数。道家很重视北斗星，道家的天上"七真"就是北斗七星。而在北斗星中天罡星备受重视，天罡星在北斗七星的斗柄上，在第七个位置上，所以七是天罡的位置之数。为什么高度重视天罡星呢？因为道家认为天罡星是天上的"真阳"，而修行就是得到"真阳"。

禅

　　此外，道家还认为修行中要把握的节奏也是七，因此辟谷往往是七天或者七的倍数。

　　在对七这个数字的理解上，中华文化和尼泊尔文化以及印度文化是相通的。佛祖释迦牟尼并不是印度人，而是出生在中国的近邻尼泊尔，但在印度传教时间比较长，据南传佛教的说法，也曾到缅甸及中国云南传教。佛教很重视数字七，认为人去世之后的中阴身，每七天循环一次，重复死亡的体验，一般在七七四十九天时，才可以投胎转世。因此，佛教很重视人死后四十九天之内的超度。当然，中阴身只是佛教的说法，并无法进行实际的验证，我们只是从文化传统上讲古人对七作为灵魂节奏的重视。

　　佛典记载释迦牟尼在菩提树下打坐，也是七日成道的。后来参禅打坐多以七日为期，成为"佛七"或"禅七"，这个时间阶段的掌握至今都是中国佛教界的习惯性规矩。

　　七在东方文化中是节奏感最为明显的数字。七是生命孕育阶段的节奏，是生命存在和生长的节奏，是生命死亡之后"中阴"阶段的节奏，七也是通过修炼来提升生命层次的节奏。这个数字，上是天的节奏，下是地的节奏，中是人的节奏。我们可以不去具体探究宗教关于灵魂的说法，但是对于七作为万物和生命的节奏在中华文化中的地位，还是要了解和理解的。

7.3 七是不同文化的共通之数

重视数字七，不只是东方文化的道家、佛家，还包括西方的基督教文化。《圣经》里面说，上帝用六天创造了世界，第七天休息。西方把星期日作为休息日的规矩，就是由此而来，是人世间参照上帝创世的时间来安排的。《圣经》里面许许多多故事中都可以见到数字七。其实，犹太教、伊斯兰教的经典和习俗，许多内容也都和七有关。七不只在东方人心目中，其实在世界的许多文化中，都代表着事物的基本节奏，因此是个令人不能忽视的数字。

没有任何数字像七这样，在各种宗教、各种文化中，同样被尊重甚至敬畏，因此它成为诸多宗教和文化的共通之数。正因为七是各种文化的共通之数，"星期"这个概念也就为世界各国所认同，成为人们工作和休息的时间安排的基本周期。

7.4 中华方法之要

中华文化的方法论内容很多，如阴阳、三才、五行、八卦等，但一般说到方法论人们会称之为"阴阳五行"，因为其中阴阳更为根本，五行说则使用较为广泛。所以阴阳加五行的方法是中华文化方法论的要领。

阴阳五行

懂得阴阳加五行是中华文化方法论之要，就不会对事物运行片面地理解。前面一再强调，在中华文化中并不强调事物发展中某个因素的简单决定作用，也很少认定某个因素的唯一性，而是承认诸多因素相互作用，但又不是不可把握的。

懂得阴阳加五行是中华文化方法论之要，就会高度重视平衡、制约以及和谐。单纯强调某个因素的绝对性，容易把人的思维简单化，从而导致行为的简单化。而阴阳加五行的方法就是中国的先人为了避免这样的问题而创造的，防止人走向简单和偏执的极端，这样的方法至今对人们的思维仍有矫正的意义。无论如何都不能否认，在古代用金木水火土的生克来表达系统内部要素的关系，在当时是一种最好的选择，而且是一种很高的智慧。我们看一看现代社会过度简单化的方法论导致的偏颇，就更能理解古代这一方法的难能可贵。

如今，阴阳加五行的方法已经不能广泛用于分析现代经济社会问题，它们不能替代系统论等新的方法，但是它在某些领域（如前面列举的对人的五种类型的分析）仍然有效。而且尤为重要的是，这种既从事物属性又从整个系统要素的功能关系来分析问题的角度，仍然对我们现在及未来分析复杂问题有重要启发。

第 8 章

八判未来

8.0 八卦的象征

八卦在中华文化中的地位人人皆知，但大多数人并不知道其真正为何物。这个概念相对于阴阳五行等略为复杂一些，理解的难度也比较大。其实八卦都是由阴阳两种符号组成的，如乾卦就是由三个阳爻组成，离卦由两个阳爻加中间一个阴爻组成，其寓意为万事万物都是由阴阳之变而成。由阴阳爻组合卦共有八个，所以称为"八卦"。

八卦代表什么，这是理解八卦和现实关系的关键。如果不清楚这一点，那么八卦就只是八个抽象的符号。只有把八卦和现实事物的基本对应关系弄清楚，才会明白它们的所指，懂得它们的意义。八卦分别对应的是：乾为天，兑为泽，坤为地，离为火，震为雷，坎为水，巽为风，艮为山。也就是说，乾卦代表上天，兑卦代表沼泽，坤卦代表大地，离卦代表火，震卦代表雷，坎卦代表水，巽卦代表风，艮卦代表山。

中华文化是象形的，这种象形从文字到哲学，许多方面都有体现。许多学人因此认为中华文化带有很强的原始思维的痕迹。其实中华文化虽有原始思维的痕迹，但是又远远高于原始思维，这正是其极质朴又极高明之处。

八卦与事物对应关系表

八卦	自然	家人	肢体	动物	特性	方位	季节	地支	五行
乾	天	父	首	马	刚健	西北	秋冬间	戌亥	金
坤	地	母	腹	牛	柔顺	西南	夏秋间	未申	土
坎	水	中男	耳	猪	险	北	冬	子	水
离	火	中女	目	雉	明察	南	夏	午	火
震	雷	少男	足	龙	动	东	春	卯	木
巽	风	老女	股	鸡	逊	东南	春夏间	辰巳	木
艮	山	老男	手	狗	止	东北	冬春间	丑寅	土
兑	泽	少女	口	羊	悦	西	秋	酉	金

正如前面所指出的，中华文化的质朴在于其象形，而高明在于其象性。例如，前面已经指出，阴阳既是一种直观，又是一种抽象。其直观人人可以明白：有光照处为阳，无光照处为阴，这个道理并不费解。但是其抽象之处在于：阴和阳作为一种属性被推而广之，代表许多事物及其属性。五行和八卦也是如此。乾卦代表苍天，兑卦代表沼泽，坤卦代表大地，离卦代表火，震卦代表雷，坎卦代表水，巽卦代表风，艮卦代表山，这并不是仅仅指实实在在的事物，还指其属性。例如，乾卦并

不仅仅代表实实在在的天，还代表冥冥之中的"天"，还代表居于上面位置的某种人或物（如父亲或者主要领导），还代表刚健与强势，等等；坤卦代表的不仅仅是大地，还代表具有大地属性的一切事物，这些事物具有承载、宽厚、包容等特征，在家庭中可能代表母亲，相对于领导时也可以代表副手或属下。在这种像事物之性的基础上，通过代表人与事物的符号的组合、相互关系，而判断事物的发展趋势。

正是从上述意义来说，中华文化走的是一条从象形到象性，再从象性到象势（象征发展动态和趋势）的路线。如果仅仅把中华文化理解为原始象形，那是远远不够的，也无法理解中华文化何以博大精深，何以具有与众不同的灵性，何以有其独特而悠久的魅力。

8.1 五行与八卦

五行和八卦都既是象形的，也是象性的。那么既然有五行，何必再有八卦？或者说，既然有八卦，何必再有五行？实际在历史上，五行出自《尚书》，八卦出自《周易》，两者形成的路径并不一致，但两者的思维甚至表达方式却高度一致，可谓如出一辙、殊途同归。后来，至少在汉代，两者才被结合起来。

否极泰来

否极泰来

　　五行和八卦有什么不同？不同在于相对来说，五行讲的是
要素，也就是说，世界上的事物是由什么组成的，或者基本的
组成方式是什么，而八卦讲的是形态，也就是世界上的事物、
影响人生存的环境大体上有哪些东西。所以两者是有区别的，
因此可以用五行解释八卦，用五行说明八卦的属性，但是不能
反过来用八卦解释五行的属性。也就是说，你可以说八卦的艮
卦代表山，其属性为土，但是不能说土的属性为山。在理解五
行和八卦关系的时候，需要把握这一点。

8.2 八卦作抉择

八卦是天地之间八类事物形态，这些形态概括出了人的基本生存环境。在古人看来，任何复杂的环境无非是这八种形态的组合以及互动而已，当然还要加上时间的因素。八卦的相互组合就形成了六十四卦，也就是事物的六十四种组合和相互作用的模式。

当然，因为同样属性的事物很多，在这些组合模式中八卦并不一定直接就代表某种事物，某一卦具体代表什么，需要具体的分析。例如，兑卦代表的是沼泽，就五行来说属金，从季节来说代表秋天，颜色上属于白色，心情上代表愉悦明快，性格上代表果断，人物上代表少女，生理上代表肺及与其有关的口、舌、痰涎等，先天方位为东南方，后天方位为西方。其他各卦也是如此。

也就是说，八卦的每一种组合都包含着宇宙之间某一时刻与某人相关的无数种信息，是全息的，至于能否识别这些信息，只是在于你的解读能力。

8.3　八的代表性

八卦代表天地之间各种事物，因此八在中华文化之中也就代表全面。

中国神话故事中的仙有代表性的是八个，被称为"八仙"。后来八仙发展成十六个，分为"上八仙"和"下八仙"，反正还是按照八个仙组成一组来算。中国传统招待客人吃饭，喜欢用"八仙桌"，办事吃席则要摆"八大碗席"。一个人有本事，到哪儿都吃得开，就被称为"吃八方"；一个人善于和人打交道，就被称作"八面玲珑"。唐代的韩愈、柳宗元和宋代的苏轼、苏洵、苏辙、欧阳修、王安石、曾巩，因为在文学上有突出成就，人们把他们合称为"唐宋八大家"。至于中国人概括的"八大奇迹""八大怪""八大菜系"等，就更多了。一般来说，凡被认为是好的、特别的东西，人们往往喜欢尽可能凑八个，这样才感觉凑齐了，才觉得比较全面。尽管人们在人或物的数量上有时候也凑七个，如竹林七贤、七仙女等，但是七更多被用在时间、生命、诗词等节奏上，而八则更多地被人们用在代表各方面事物的数量上。

值得注意的是，这种以七为时间节奏、以八代表事物数量的方式，在佛家那里也同样适用。佛家有一系列和八有关的说法，如唯识宗的"八识"，即眼识、耳识、鼻识、舌识、身识、意识、末那识、阿赖耶识。在这八识中，前六识已经进入我们的唯物主义教科书，成为哲学常识，而第七识和第八识并不为人们所熟知。其实在佛教中这后两识更为根本，也被认为是更为深刻的。另外，佛家还有"八戒"之说：一戒杀生，二戒偷盗，三戒淫乱，四戒妄语，五戒饮酒，六戒奢华，七戒坐卧高广大床，八戒非时食。众所周知，《西游记》中有个"猪八戒"。"八戒"一词表示最全面的受戒、持戒。此外，佛家还有"八苦""八宝"之说，中国佛教还有著名的"八大宗门"。当然，佛家的说法来自古尼泊尔和古印度，但是它已经成为中华文化的一部分。

总之，不管是外来文化传入被中国人所接受的还是中华文化本身来说，其中所包含的"八"，都代表一种各方俱全之意。

万法惟识

8.4　全方位看问题

既然八代表八方，代表各个方面的，那么它代表的就是全面。而且八卦代表的不只是八个方向的全面，还代表天地风雷水火山泽，进而代表一切事物。它们的变化组合则代表一切事物的运动变化。因此，八卦代表着运动变化中的一切。尽管四、五也代表全面，但是八所代表的全面应该更为"全面"，是用《易经》表达的全面。

八面来风

中华文化中八卦、八方的思维，要求我们全方位地、从各种角度地、变化地看问题。它要求我们不但要有广阔的视野和格局，而且要有动态的把握能力。既要看到某些事物的共性，又要看到事物的多样性，看到其形态和阴阳组合的复杂性；既要重视事物的特殊性、复杂性，又要重视它们关系的变化性和协调性。

这种思维和现代系统思考方法是非常一致的。从20世纪中期开始，西方国家流行用系统方法思考问题，被彼得·圣吉称为"系统思考"。这一思考模式的流行，背景是因为信息化、全球化把整个世界连为一个复杂的、多层级的巨系统，每一个国家、每一个组织以及每一个人都置身于其中，因此要求人们必须学会用系统的眼光看问题。

其实，中国自古以来就强调系统地看问题，包括在文学作品中也巧妙地表达了这一观念。例如，《西游记》告诉我们：猪八戒不断制造麻烦，一个重要原因就是看问题过于简单。而孙悟空之所以能够破解难题，是因为他善于在遇到问题时站到云层上全面地看，并且深入研究问题，调动天上天下、四面八方的因素来解决问题。孙悟空的这种观念和八卦的系统思维以及八方的全面思维是完全一致的。

8.5 中华语言的通用性

五行的金木水火土，八卦的天地水火风雷山泽，都是非常形象化的概念，而且因为其象性又是理性的，所以有其推理和运算的逻辑。恰恰是这种形象化又理性的概念，具有顽强的生命力，并且具有持久的影响力。

世界上只有形象化的语言才是最通用的。我们知道幼儿的语言是形象化的。两三岁的小孩看动画片，不但能看懂，而且看得津津有味。形象的语言不需要学习，可以直接感悟。但是那些远离人们感觉的、过度抽象的理性语言，儿童就不懂了，只能花大量的时间去学习、掌握。而且各个民族之间理性的语言有很大的差异，离开一定的文化背景，其内涵就很难理解，因此往往是公说公有理，婆说婆有理，难以沟通和交流。

如果说各个民族之间有共同语言的话，那么这种语言一定是形象化的，只有形象的才最容易理解和沟通。信息化推动的全球化时代已经来临，我们不要以为全球化就是全球按照一个标准理性化，其实全球化是全球统一使用互联网这个信息平台，而这个平台带来的却是文化的多样化。事实上，在网络上，人们因为背景、兴趣不同而组成各种圈子，而各个小圈子都有自己的语言和文化，那么能够在各个圈子中通用的，并不是那些硬邦邦的理性概念，而是形象化语言。形象化的漫画、视频、符号，可能打通所有圈子，畅通无阻。如果想让理性概念有广泛的影响力，也必须借助形象化的语言来实现。

执大象 天下往

假如世界上确有外星人的话，那么可以和外星人沟通的语言，绝对不是人类某些群体认定的那些包含复杂道理的理性词语，只有最直接、最形象的语言，才能被他们所理解。进而言之，假设世界上有鬼神的话，人类与之沟通也必定如此。当然，这里绝不是说存在鬼神，只是按照逻辑推理来阐明一个道理。

从这种意义上说，中华文化有其难以比拟的价值。正因为不但象其形，而且象其性，使得中华文化一方面具有很强的感性色彩；另一方面又形成了特殊而且系统的半感性半理性的思维。正是这样既感性又系统的理性思维，使得中华文化在某些方面优于其他文化。正是因为如此，它不但不会因科学文化的发展而消亡，而且和科学文化之间会形成一种永恒的互补关系。科学越是发展，中华文化的独特魅力越是会得到彰显。因为人类越是走向理性，越是会寻找感性，越是会感受到没有脱离感性的理性才真正有其难以抗拒的魅力。

第 9 章

九五之尊

9.0　最大的阳数和单数

　　重视数字的含义，是中华文化的一个很大的特点。尽管各个民族都重视数字，但是由于中国的数字和阴阳、五行、八卦等密切联系在一起，所以数字被赋予了更多的含义。而在这些数字中，九的地位非常特殊：由于单数被认为是阳数，而九是十以内的单数中最大的数，因此就是阳数中最大的数。正是在这种意义上，《素问》中说："天地之数，始于一，终于九。"刘师培在《古书疑义举例补》一书中写道："凡数指其极者，皆得称之为'九'。"《易经》中的阳爻就被称为"九"，如某卦第二爻位阳爻，这爻就被称为"九二"。

　　既然九是阳数中最大的数，又是单数中最大的数，那么它就具有独特的代表性了。第一，它代表天。这是因为天属阳，而九在阳数中最大，因此就最能代表天。由于古人认为天有九层，所以中华文化用"九天""九霄"指天的最高处。第二，它还代表着达到数字的极点，最多、最广、最深等。人们用"九州方圆"表示地域极广；用"九泉之下"表示地下极深，用"九天之上"表示天上极高。第三，代表地位和权力最高。由于九是最大的阳数和最大的单数，又代表天，而古代皇帝被称为"天子"，所以九也就顺理成章地象征皇帝的地位。

茶照九霄月　风翻千岁书

9.1 九五之尊

既然九已经象征至高无上的皇帝的地位，那么为什么形容皇帝的地位又有"九五之尊"或者"九五至尊"的说法呢？这种说法出自《周易》乾卦。乾卦是《周易》的第一卦，乾是代表天，乾卦的卦辞是以龙所处的地位、所采取的行为、所达到的状态来比喻人事。那么"九五"是什么呢？是乾卦六爻中自下而上数的第五爻。第五爻卦辞为"九五，飞龙在天，利见大人"。古代的"见"和今天的"现"是同一个意思。这句话就是龙飞得比较高，是有利于大人物出现的象征。这句卦辞形容的是龙腾飞得比较高而且处于最佳状态，这就是"九五之尊"的本义。

为什么要用乾卦的第五爻来形容至高无上呢？乾卦本来有六爻，而第六爻才是代表龙飞得最高的，那么为什么不用"九六"来代表呢？这是因为第六爻太高了，达到了极点，而且第六爻是双数的位置，是阴位，因此在乾卦中这是阳爻居阴位，也就是龙到了不当的位置。这在中华文化看来，物极必反，已经不是最佳状态，要带来坏运气了，所以第六爻卦辞为"亢龙有悔"。"亢龙有悔"的意思就是龙飞得过高、无所顾忌，那么就会有灾祸。

九五 飞龙在天 利见大人

上面是从卦辞上理解，其实还可以从另一种角度来理解。自古以来中国人把皇帝比作龙，而乾卦的卦辞是关于龙的发展状态的，或者说是以龙来比喻事情发展的。形容皇帝的位势当然要用阳爻。由于乾卦的"九五"这一爻卦辞适合皇帝，所以就称皇帝所处的地位为"九五之尊"或者"九五至尊"了。

"九五之尊"也可以用九宫图来解释。九宫图出于洛书，而洛书古代也称"龟书"，传说有神龟从洛水中出来，它的甲壳上有九宫图这个图像，其结构是分为九个宫格，以星座符号代表数字一三七九、二四六八，分列周围，而数字五则居于中央位置。在九宫图中，九个数字代表宇宙间的方方面面，而数字五居于中央，则意味着主宰和统率各方。所以人们就以"九五之尊"代表皇帝所处的地位。

在古代，与皇帝有关的建筑往往和"九五"联系在一起。故宫的房屋总数是九千九百九十九间半，台阶和门钉也是九层或者九个、九行。连故宫内的台阶数竟都是九或九的倍数；门板上的门钉横竖都是九行；天安门的城楼是九间，门有五座。皇家的建筑大体都是如此，至少这是明清皇家建筑的一种遵循。可见"九五之尊"不止一种说法，在建筑上是有准确表达和体现的。

9.2 九九归一

在我们的俗语中有"九九归一"的说法，有人说这是因为《道德经》有八十一章，而八十一正好是九的九倍。这个说法有些牵强。人们之所以说"九九归一"，是因为九就是单数中最大的数，到了九之后就是十了，就进入了两位数的层次，也就是又进入了从零到九的更高层次的循环，从头开始了。而进一步，如果是九十九，那么再加一就进入三位数，这是同样的道理。所以"九九归一"并非指归为原来的一，而是上升到更高层次的一。

我们做事情，有时需要进入一个新的层次，要突破原来的状态，要达到"九九归一"这样的层次。但是有时候把握不好，盲目追求更高更强，可能意味着因此失去某些东西，甚至许多东西。如果你是个皇帝，已经达到地位权势的最高点，那么就不能寻求再上一个层次了，因为你已经无处可升。所以明清皇帝用的宫殿房间数都是九千九百九十九间半，绝不让它达到一个整数，绝不让它成为一万。这也是前面解释《易经》中乾卦的时候所说的，为什么形容皇帝的地位时用第五爻。

过犹不及

《易经》是关于做事时、位、度的学问，《道德经》许多地方强调的都是把握住事物的度，而《论语》也强调"过犹不及"。孔子推崇的君子，就是处处能把握事物的度的具有较高修养的人。所以"九九归一"，是否可以归一，应该怎样归一，都不是一个简单的问题。

"九九归一"就是升级。现代社会竞争很激烈，尤其是在科技领域，因此笔者在21世纪之初提出两个理念："不升级就淘汰"和"升级才能生存"（请参见《升级才能生存》一书）。并且笔者在书中强调，升级是21世纪的主旋律。面对升级竞争，我们在某些领域要不断地"九九归一"，升级到新的层次。这个问题也是需要面对的。所以对于"九九归一"问题，还要结合时代特点来看。

9.3 留有余地

尽管新的时代在某些问题上，有必要从升级的角度去看待"九九归一"问题，但是我们仍然需要从传统文化中汲取智慧，把握做事的分寸。在中华文化中，虽然有所谓"九九归一"之说，但是提醒我们不要让九九轻易归一。前面所说的故宫房屋只建到九千九百九十九间半而不建到一万间，就是明证。所谓"九五之尊"，其实是并不追求最高点，乾卦的"九五"爻就是明证。

　　"九九归一"和"九五之尊"告诉我们的，并不是一定要追求事物的最高点，而是做事特别是做人要"知止"，要留有余地，要知道高处不胜寒，要知道退一步海阔天空。连皇帝都不敢达到最高的极点，何况普通人呢？所以对待"九九归一"带来的升级问题，一定要慎之又慎：升级不成，可能一败涂地；升级成功，必定会面对前所未有的问题。

知足常乐

　　古人非常重视的道理就是物极必反，盛极必衰，这是"反者道之动"告诉我们的规律。我们敬畏天地，从根本上说是敬畏道。因此作为人，无论多么位高权重、财大气粗、名扬四海，都要懂得两个道理：第一是知足。老子说"祸莫大于不知足"，世间的许多灾难都是由于人不知足、欲壑难填所导致的。因此，做人做事不要被自己的贪欲所支配、所绑架。所以老子还有另两句话："知足者富""知足常乐"，其实更重要的是知足者久。第二是知不足。无论你有多高地位，有多大财富和名声，一定要记得自己是个正常的人，是人就有不足，因此要知道自己的不足，承认自己的不足。老子说"自知者明"，知道自己不足的人才是明智的，也就是"人贵有自知之明"。如果一个人忘记自己还有缺点和不足，忘乎所以、唯我独尊、为所欲为，那么终将会因此酿出苦果，也会给别人或社会造成问题甚至灾难。

"九九归一""九五之尊"并不是告诉人们要追求最高的极点，像皇帝那样唯我独尊、作威作福，而是启发人在一种比较好的状态下如何保持长久。不能保持长久，用佛家的话来讲，是因为"我执"太重，总是执着于自我，处处寻找自己的存在感，因此不断自我膨胀。王阳明曾说："人生大病，只是一傲字。"人只有放下我执，保持平常心，才高不自诩，位高不自傲，功高不自居，名高不自矜，才不会跌下巅峰。所以弘一法师在论及人的才智的时候说："有才而性缓，定属大才。有智而气和，斯为大智。"有才能的人不急不躁，才是可用的大才；有智慧的人能做到心平气和，才是大智慧。反之，有才能就觉得不得了，急不可耐，或者有智慧就玩弄心计、铤而走险，都是招灾的本事。历史上韩信、杨修可谓有才有智，最后招来的却是灭顶之灾。所以弘一法师说："谦退是保身第一法，安详是处事第一法，涵容是待人第一法，恬淡是养心第一法。"

止于至善

一个人的人生和事业能够在比较好的状态下保持长久，关键是要懂得分寸，懂得自我约束，给自己确定明确的底线。现在的人比较喜欢这样一句话："山高人为峰"，这句话反映了追求第一的、把最高点踩在脚下的雄心壮志。这句话出自国画家张大千的友人赠送他的对联"山至高处人为峰，海到尽头天是岸"。这副对联确实很有意境，也很励志。但是换一种角度说，这句话和中国古代"知止"的哲学、凡事留有余地的人生态度是有很大冲突的，作为励志格言，一定不要用得过度。

言不尽意

　　前面分析了零到九这十个数字在中华文化中的密码作用，
希望读者能够从中得到打开中国智慧之门的钥匙。

　　在这十个数字中，并不是所有数字的重要程度都一样。从
总体上讲，应该越是较小的数字越重要，越在中华文化的整个
"密码本"中起到根本的作用。其中，零、一、二这三个数字，

彼是莫得其偶　谓之道枢　枢始得其环中　以应无穷

无疑是最基础、最重要的，是密码中的密码。三、四、五这三个数字，是在零、一、二之上衍生出来的，重要程度稍次之，但同时又是六、七、八、九的基础和前提。

用数字零到九来解读中华文化，只是一种角度，而不是唯一的角度。这种角度可以把传统文化中一系列方法论的范畴串起来，但是中华文化中一定还有许多概念和方法没有涉及，而且限于角度，对于一些方法也难以进行整体化的、深入的、专门的论述。这些都是这种角度的局限，因为任何角度都有局限。

另外，仅仅从数字的角度来看，零到九这十个数字，也没有穷尽从数的角度上的解读。零到九，只是最基本的数字。

本书试图给读者理解中华文化提供一串钥匙，而不是也不可能是中华文化的全部，读者千万不要抱着太高的期望值来看这本书。我希望有这一串钥匙，您能更快更好地进入中华文化这个巨大的宝库。至于在这宝库中能得到什么，就不是这串钥匙所能解决的了。同时，也请读者注意，这串钥匙本身绝非整个宝库。如果把它当作全部宝藏，就期望过高了。

十年钝剑

书稿终于结稿。从最初打定主意想写这本书到现在，已经十年了。拖下来的原因有两个：其一是曾负责中央党校报刊社的工作，一份报纸几份杂志，每天疲于应对，每周"管字"上

畏举头三尺　正襟下一心

千万，几乎天天加班，很难挤出时间；其二是因为每天看字，青光眼越来越严重，眼痛得无法坚持写，只能断断续续。好在从工作岗位上退下来，经长时间打坐，眼病逐渐减轻，才重新敲字，终于坚持完成了。

宁可坚持十年，忍着眼痛折磨，也要写出来，是因为我把它当作人生的一种使命。年轻时对传统文化曾经很不屑，随着年龄增长，才逐渐知道那时的无知多么浅薄可笑。到了四十多岁之后，逐渐领悟到中华传统文化对于一个人提升生命境界来说，如同空气对于活着一样重要。

文化复兴

　　促使我一定要抓紧写完这本书的另一个原因是 2018 年去河北省平山县王母山，晚上住在山上，居然梦到南怀瑾老先生。他坐在一个教室里，问交给我的传统文化课题完成得怎么样了。我从没见过南老师，尽管他的弟子彼得·圣吉、张成林等多年前一再建议我去拜见，但由于工作繁忙，也由于拖延，贻误了难得的机会。真的敬佩南老师对中华文化所做的巨大贡献，此梦应该是由敬重而生的。此梦之后，更加坚定了我完成这一书稿的决心。

　　当然，更重要的是倡导中华文化是社会的需要。由于中央重视传统文化，社会上形成了传统文化热，但是其中不乏趁机泛起的沉渣，尤其是一些程朱理学中偏执乖谬的东西被重新重视，甚至"三从四德"这类的讲座也以儒学之名大行其道。当此之际，必须弄清楚什么是中华文化的精华、糟粕和误区，中华文化的思维方式是什么。我始终认为，如同西方否定了黑暗的中世纪，经历了一场文艺复兴一样，中华民族要崛起，必须经历一场反思理学、反思明清文化专制的文化复兴。唯有如此，中华民族的文化精神才能活起来，才能生机勃勃，才能形成一个新的局面，长盛不衰。在此之前我和学生合著的《孔子是个好老师》一书，就是为这种反思和复兴而写的。

　　中华文化密码，这是一个新的提法。这个提法或许会引起许多人的兴趣，但是也可能会引起一些人的争议和反对。不管是感兴趣还是争议或反对，都不是坏事，都会把对传统文化的理解引向深入和系统。

希望文化密码作为一个课题，有更多的人研究，包括对其他民族的文化密码的研究、民族文化之间的对比，等等。这个课题可以使文化研究更加丰富和立体。

非常感谢徐州医学院郭士全教授对书稿提出的宝贵意见，感谢朱文平先生和刘雅文女士为此书出版做出的努力。

钟国兴

2019 年 7 月 29 日